F. H. (Franz Heinrich) Weissbach, W. (Willy) Bang

Die altpersischen Keilinschriften

F. H. (Franz Heinrich) Weissbach, W. (Willy) Bang

Die altpersischen Keilinschriften

ISBN/EAN: 9783743484931

Hergestellt in Europa, USA, Kanada, Australien, Japan

Cover: Foto ©ninafisch / pixelio.de

Manufactured and distributed by brebook publishing software
(www.brebook.com)

F. H. (Franz Heinrich) Weissbach, W. (Willy) Bang

Die altpersischen Keilinschriften

ASSYRIOLOGISCHE BIBLIOTHEK, HERAUSGEGEBEN VON FRIEDRICH DELITZSCH UND PAUL HAUPT, X, 1.

DIE

ALTPERSISCHEN KEILINSCHRIFTEN

HERAUSGEGEBEN

VON

F. H. WEISSBACH UND W. BANG

ERSTE LIEFERUNG

LEIPZIG

J. C. HINRICHS'SCHE BUCHHANDLUNG

1893

Die altpersischen Keilinschriften

F. H. Weissbach und W. Bang.

1. Lieferung: Seite 1—48 und Doppel-Tafel I—IV. Preis 10 Mark.

Die vorliegende erste Lieferung dieses Werkes bildet insofern ein abgeschlossenes Ganze, als sie alle bisher bekannten Keilschrifttexte dieser Art in Umschrift und Übersetzung enthält. Von den Originaltexten ist soviel beigegeben worden, dass es zur Einübung der Schrift vollkommen ausreichen dürfte. Die 2. (Schluss-) Lieferung, die binnen Jahresfrist erscheinen wird, soll ausser Titel, Vorwort, Bibliographie, etwaigen Nachträgen und Verbesserungen folgendes enthalten: Commentar zu den Inschriften, einen kurzen grammatischen Abriss, Wörterbuch die übrigen Originaltexte und einen Plan von Persepolis.

In Vorbereitung befindet sich:

Urkunden zur altpersischen Geschichte

Übersetzt und herausgegeben von

F. H. Weissbach.

Während es für den Assyriologen von Fach ein Leichtes ist, sich über Stellen aus den Inschriften der Achämeniden zu belehren, fehlte es bisher an einer Zusammenstellung derselben für die Bedürfnisse des Historikers und des classischen Philologen. Mehrfachen Anregungen aus solchen Kreisen folgend, entschloss sich der Herausgeber zur Ausarbeitung des obigen Buches.

Es enthält zunächst alle bekannten mehrsprachigen Inschriften der Achämeniden von Darius I. bis zu Artaxerxes II. und bildet insofern ein Supplement zu Schraders „Keilinschriftlicher Bibliothek". Daran schliessen sich die einsprachigen Texte in altpersischer, susischer, babylonischer, ägyptischer und griechischer Sprache, ausserdem die im Alten Testament und bei griechischen Schriftstellern erhaltenen Briefe, Erlasse und Aktenstücke, von Cyrus bis Darius III., sodass das Werk ein vollständiges Quellenbuch zur Geschichte der Achämeniden bilden wird. Die orientalischen Texte werden in möglichst treuer, sorgfältig durchgesehener Übersetzung, die griechischen Stücke im Original nach den besten Ausgaben geboten. Die Einleitung und reichliche Anmerkungen sind bestimmt, das Verständnis zu erleichtern und das sichere von dem unsicheren zu unterscheiden. Eine Karte des Achämenidenreiches von der Hand W. Sieglins und ein Verzeichnis der Eigennamen werden der Benutzung förderlich sein.

Unter der Presse befinden sich:

Assyrisches Handwörterbuch.

Von

Dr. Friedrich Delitzsch,

Prof. ord. honor. für Assyriologie und semitische Sprachen an der Universität Leipzig, ord. Mitglied der Kgl. Sächs. Gesellschaft der Wissenschaften.

Susa.

Eine Studie zur alten Geschichte Westasiens

von

A. Billerbeck,

Oberst a. D.

Mit einer Übersichtskarte und Abbildungen im Text.

EINLEITUNG.

Die altpersische Schrift ist die einfachste der bekannten Keilschriftarten, nicht nur hinsichtlich der Zahl der Zeichen, sondern auch bezüglich ihrer Zusammensetzung. Die Zahl der Zeichen beträgt nur 39, keines derselben besteht aus mehr als 6 und aus weniger als 2 Schriftelementen. Hierbei ist von dem Worttrenner, einem schrägen Keil mit der Spitze rechts unten, und von dem Ziffernsystem abgesehen. Letzteres ist mit geringen Verschiedenheiten allen Keilschriftarten gemeinsam. Die altpersische Schrift ist eine Sylbenschrift mit starker Hinneigung zur Lautschrift. Den meisten Consonanten inhärirt der Vocal *a*, wie im Sanskrit und im Äthiopischen, einigen *i* und anderen *u*. Wird den *a*-haltigen Consonanten noch der Vocal *a* beigefügt, so deutet dies den langen Vocal *ā* an. Bei den *i*- und *u*-haltigen Consonanten ist die Zufügung des Vocals so durchaus Regel geworden, dass Abweichungen als Ausnahmen zu betrachten sind. Für die Quantität der Vocale *i* und *u* ist also die plena oder defectiva scriptio nicht massgebend. Das gleiche gilt für den Vocal *a* im Anlaut. Eine weitere Unvollkommenheit der altpersischen Schrift liegt in dem Mangel eines Zeichens der Vocallosigkeit. Jeder *a*-haltige Consonant kann auch ohne Vocal gelesen werden, ohne dass das Zeichen eine dem indischen Virāma entsprechende Beifügung oder Modification, wie es im Äthiopischen der Fall ist, erhält. Hier müssen andere Mittel, wie Etymologie, Lautgesetze oder Vergleichungen von Umschreibungen in anderen Sprachen, die richtige Lesung bestimmen. Ein Beispiel möge dies erläutern. Ein Wort, welches *ka-ra-ša-a = ka-ra-ša* geschrieben ist, kann auf keinen Fall *kraša* gelesen werden, da *k* vor *r* im Altpersischen lautgesetzlich in *kh* übergehen musste. Die Lesung *karaša* wird durch die Umschreibung des Wortes im Neususischen: *kuršam* unmöglich, sodass nur *karša* übrig bleibt. Folgen auf *a*-haltige Consonanten *i* und *u*, so sind die Diphthonge *ai* und *au* zu lesen. Bei Lauten, welche keine *i*- und *u*-haltigen Zeichen entwickelt haben, kann dies wieder zu Zweideutigkeiten Anlass geben. Doch ist zu bemerken, dass einzelne Verbindungen wie *ki* und *gi* in der Sprache wahrscheinlich gar nicht vorhanden waren. In anderen Fällen werden meist die oben genannten Mittel ausreichen. Für noch andere Lautverbindungen endlich, wie *cu* und *ju*, sind möglicherweise die Zeichen verloren gegangen. Das Zeichen für *ha* wird in einigen Fällen, ohne dass der Vocal *i* danach geschrieben wird, *hi* gelesen. Endlich wird auslautendes *i*, *ai* gern durch *y*, auslautendes *u*, *au* gern durch *v* gestützt, ersteres durch *y* mitunter geradezu vertreten. Kommen *y* und *v* durch Anfugung von Bildungselementen oder Enklitika innerhalb der Wörter zu stehen, so können sie bleiben. Von Ideogrammen hat die altpersische Schrift nur vier [*)]. Betrachten wir nun die Verwendungen, welche die altpersische Keilschrift gefunden. Wir treffen sie an Felsen, Palastwänden, Portalen, Säulen, Fenstern, auf Siegeln und Gewicht-

---

[*)] Die anderen Ideogramme, welche OPPERT im *JA* VII. sér. I. 3 S. 244 angibt, sind zweifelhaft.

steinen, dagegen selten auf Munzen*), wozu sie doch sicher sehr geeignet war. Bis auf fünf Siegel von Privatpersonen, deren Zeit nicht bestimmt werden kann, gehören alle Denkmäler Mitgliedern der Achämeniden-Dynastie an. Jedoch ist nur die untere Grenze mit Artaxerxes Ochus sicher zu bestimmen, die obere nur sehr wahrscheinlich mit Darius dem Sohne des Hystaspes. Wir besitzen eine kurze Inschrift von Kyros, die von Murghâb. Auf dieser ist der Name des Vaters nicht angegeben, sodass es zweifelhaft bleibt, ob sie dem älteren Kyros, dem Sohne des Kambyses, oder dem Sohne des Darius Nothus zugehörte. Gegen die erstere Annahme sprechen mehrere Gründe: Der ältere Kyros hat sonst nur noch babylonische Inschriften hinterlassen. Es ist kaum denkbar, dass er für einen einzigen zweizeiligen Text eine neue Schrift geschaffen habe. In der neususischen Inschrift BhL scheint Darius, falls die Erklärung der nicht ganz verständlichen Stelle richtig ist, zu sagen, dass er zuerst Inschriften in arischer Sprache geschrieben habe. Vgl. WEISBACH, *Die Achämenideninschriften zweiter Art* S. 77. Endlich sei hier eine Stelle aus den Briefen des Themistokles angeführt, welche lautet: Τῶν κρατήρων μοι τῶν ἀργυρῶν τοὺς μεγίστους τέσσαρας καὶ τῶν θυμιατηρίων τῶν χρυσῶν, ἐφ' οἷς ἐπιγέγραπται τὰ Ἀσσύρια τὰ παλαιὰ γράμματα, οὐχ ἃ Δαμᾶτος ὁ πατήρ Ξέρξου Πέρσαις ἤγαγχος ἔγραψε, ... ἀπόπεμψον (21. Brief, an Temenidas, s. *Epistolographi Graeci rec.* R. HERCHER S. 762). Ist diese Angabe richtig, was zu bezweifeln man keinen rechten Grund sieht, so ist die Frage, wer die altpersische Keilschrift eingeführt habe, gelöst. Wie ging nun die Bildung dieser Schrift vor sich? Ist sie aus einer älteren Keilschriftart nach gewissen Regeln umgestaltet worden oder ist sie auf andere Weise entstanden? Von drei Seiten ist dies bis jetzt eingehender untersucht worden. OPPERT (*JA* VII. série t. 3 SS. 238—245) glaubt, die Schrift sei aus der babylonisch-assyrischen in der Weise abgeleitet worden, dass je eine ideographische Bedeutung babylonisch-assyrischer Zeichen in das Altpersische übersetzt und die erste Sylbe dieses altpersischen Wortes dann als Lesung des übrigens auch noch meistens umgestalteten Zeichens angenommen worden sei. Diese Hypothese empfiehlt sich schon wegen ihrer Geschraubtheit nicht. Hierzu kommt, dass von den 36 altpersischen Wörtern, die OPPERT angibt, nur etwa der 6. Teil durch die Texte belegt ist. Von den übrigen könnten einige, nach den verwandten Sprachen zu urteilen, möglicherweise echt sein; ein anderer Teil aber ist entschieden falsch gebildet. Die Ideogramme leitet OPPERT direct aus babylonischen ab. DEECKE (*ZDMG* 32. Bd. SS. 271—289) und SAYCE (*ZK* 1. Bd. SS. 19—27) leiten sämtliche Zeichen direct von babylonischen ab, und zwar geht ersterer auf ältere, letzterer auf jüngere Formen zurück. Erwägt man jedoch, dass bei diesen Vergleichungen fast überall nur die grösstmögliche Unähnlichkeit zu Tage tritt, und dass bei Lauten, wie *th*, *f*, *v*, *h*, welche das Babylonische nicht schreibt, zu anderen, unbeteiligten Zeichen gegriffen werden muss, so scheinen auch diese Hypothesen unannehmbar. Am wahrscheinlichsten dürfte die Annahme sein, dass der Erfinder der altpersischen Keilschrift den bereits vorhandenen Keilschriftarten nichts anderes entlehnt habe als die Elemente, und dass er nur das erstrebt, aus diesen Elementen eine möglichst einfache und regelmässige, zugleich der Sprache angemessene Denkmälerschrift zu bilden. Die altpersische Keilschrift scheint bald nach dem Untergange des Achämeniden-Reiches in Vergessenheit geraten zu sein. Während des ganzen Mittelalters finden wir keine Spur von ihrer Kenntnis im Abendlande. Dieselbe begann erst mit dem 17. Jahrhundert. Die Reisebeschreibung PIETROS DELLA

---

*) Das einzige uns bekannte Beispiel bietet LUYNES, *Essai sur la Numism. des Satrap.* Pl. VII 9. Hier findet sich auf einer Münze der Satrapie Assyrien (Vgl. BLAU in *ZDMG* Bd. 6 SS. 484 ff.) eine bis jetzt unerklärte Keilschrift-Legende, bestehend aus 3 übereinanderstehenden Keil-Paaren, worunter noch 4 Keile neben einander.

VALLE brachte die Abschrift von 5 altpersischen Zeichen und sprach schon die Vermutung aus, dass diese Schrift von links nach rechts zu lesen sei. Die Reisen J. CHARDINs, ENGELB. KÄMPFERs und CORNELIS DE BRUINs lieferten einige kleine vollständige Texte, aber in mangelhaften Copien. Weit bedeutender waren die Ergebnisse von C. NIEBUHRs Reise. Mittels sehr genauer Copien fand dieser, dass die meisten Keilinschriften in drei, durch die Menge und Gestalt der Zeichen verschiedenen Systemen abgefasst sind, dass hiervon das erste System mit 42 Zeichen das einfachste ist, endlich dass jede Keilschrift von links nach rechts läuft. Den Worttrenner erkannte 1798 O. G. TYCHSEN, bald darauf FRDR. MÜNTER die Bedeutung des Wortes „König", natürlich noch ohne es lesen zu können. So war das 18. Jahrhundert vergangen, ohne dass auch nur ein einziges Zeichen lautlich bestimmt war. Die wirkliche Entzifferung begann erst 1802, als GEO. FRDR. GROTEFEND in einer Abhandlung, die er der Göttinger Gesellschaft der Wissenschaften vorlegte, die Namen Darius, Xerxes und Hystaspes in den Inschriften nachwies und in ihre Zeichen zerlegte. Es liegt nicht in der Absicht dieser Einleitung, eine vollständige Geschichte der Entzifferung zu geben. Solche findet man ausführlicher bei F. HOMMEL (Geschichte Babyloniens und Assyriens SS. 58 ff), bei F. SPIEGEL (Die altpersischen Keilinschriften. Leipzig 1862. 2. Aufl. 1881. SS. 133—148), bei F. KAULEN (Assyrien und Babylonien 2. Aufl. SS. 103—129) und anderwärts. Auf diese und auf die vorn gegebene „Bibliographie" sei hiermit verwiesen*).

Die Richtigkeit der Entzifferung kann in keiner Weise mehr in Frage gezogen werden. Bildliche Darstellungen bei den Inschriften werden durch diese erläutert. In den beiden viersprachigen Vasen-Inschriften kommen Keilschriftforschung und Ägyptologie, deren Bahnen doch durchaus verschieden gewesen sind, zu denselben Ergebnissen. Endlich, was das wichtigste ist, in der Sprache der einfachsten Keilinschriften fand sich das Idiom, welches man unter Erwägung aller Umstände an Ort und Stelle erwarten musste.

Nur ausserordentlich spärlich sind die Reste, welche die Zeit von der altpersischen Sprache, abgesehen von den Inschriften, übriggelassen hat. Ausser zahlreichen aber natürlich meist unerklärten Eigennamen, finden sich nur hie und da bei griechischen, römischen, hebräischen u. a. Schriftstellern vereinzelte altpersische Vocabeln nebst Bedeutung angegeben. Sammlungen davon haben unter anderen BURTON und PAUL BÖTTICHER [— DE LAGARDE] veranstaltet. Es wäre unmöglich gewesen, aus diesen kargen Resten Folgerungen zu ziehen, die über das Allgemeinste hinausgingen. Mit der Entzifferung der Keilinschriften hat sich dies völlig geändert. Die altpersische Sprache ist, wenn auch nicht vollständig, so doch hinreichend bekannt geworden, um ihren Platz im Kreise ihrer Verwandten genau bestimmen zu lassen. Sie hat sich als Schwester der Avestasprache, als Mutter des Mittel- und des Neupersischen erwiesen. Die Sprache der altpersischen Keilinschriften ist nicht dieselbe geblieben; schon unter Artaxerxes II. verfiel sie. Man darf deshalb annehmen, dass sie bald nach dem Sturze der Achämeniden (333 v. Chr.) ausgestorben, bezüglich in das Mittelpersische übergegangen sei. Grammatiken finden sich auch in fast allen älteren Bearbeitungen der Inschriften.

Die altpersische Literatur, soweit sie erhalten, ist lediglich epigraphisch. Ihr Inhalt ist teils chronistisch, teils sind es Bauurkunden, freilich nicht nach Art der assyrisch-babylonischen in die Fundamente eingelegt, sondern direct an die Gebäude geschrieben, ferner Prunkinschriften und Legenden von Vasen und Siegeln. Die meisten Texte gehören Mit-

---

*) Eine Art altpersischer Cursiv-Schrift glaubte OPPERT (PSBA Vol. 5 S. 122) in den unbekannten Zügen, die sich auf einer vom 23 Jahre des Artaxerxes datirten babylonischen Contract-Tafel (veröffentlicht daselbst SS. 104 f.) finden, zu erblicken.

gliedern des achamenidischen Königshauses (von Darius I. bis Artaxerxes III.) an, nur einige Siegel Privatpersonen. Der grösste Teil der Königs-Inschriften ist in drei Sprachen abgefasst, ausser altpersisch auch noch in neususischer und in neubabylonischer Sprache, wenige sind nur altpersisch, zwei haben ausser den beiden genannten Übersetzungen noch eine dritte in ägyptischen Hieroglyphen. Einige Texte besitzen wir in zwei und mehr Exemplaren, die entweder völlig übereinstimmen oder nur ganz geringe Abweichungen bieten. Was die Erhaltung der Texte anlangt, so ist diese nicht immer die beste; im Gegenteil ist der philologischen Kritik oft ein weiter Spielraum offen gelassen. Allerdings steht ihr auch ein ziemlicher Apparat von Hilfsmitteln zu Gebote. Durch Heranziehung von Parallelstellen, Duplikaten, ferner der Übersetzungen bei mehrsprachigen Texten, welche fast durchaus mit grosser Treue angefertigt sind, und andere derartige Mittel gelingt die Wiederherstellung verstümmelter Stellen in vielen Fällen. Freilich muss es auch hier bestimmte Grenzen geben, die kein vorsichtiger Kritiker überschreiten darf. Übrigens finden sich in den Inschriften auch hie und da Fehler, welche nicht den Abschreibern, sondern den ursprünglichen Einhauern zur Last zu legen sind, wie Photographien und Abdrücke beweisen. Die Entzifferung der altpersischen Keilschrift hat die Grundlage zur Entzifferung der alten Übersetzungen, der susischen und der babylonischen Keilschrift geschaffen, die sonst wahrscheinlich nicht so bald gelungen wäre und mit Hilfe der letzteren wiederum eine, noch dazu unendlich reiche Literatur erschlossen. So sind drei alte Sprachen, die ebensoviel verschiedenen Sprachstämmen angehören und die seit mehr als 18 Jahrhunderten den Augen der Forscher völlig entschwunden waren, wieder aufgelebt, um, wie es scheint, nie wieder unterzugehen. Der historische Blick kann jetzt mit voller Klarheit in Gebiete ferner Vorzeit schauen, die bis vor wenigen Jahrzehnten in undurchdringliches Dunkel gehüllt schienen, eine Errungenschaft, die nur noch in den Ergebnissen der Ägyptologie ein Analogon hat.

Verzeichnis der altpersischen Keilinschriften.

(Dreisprachig, wenn nichts anderes bemerkt.)

I. Inschriften des Darius I.

A. Inschriften von Behistan.

Der Felsen von Behistan oder Bisutun, auf der Grenze von Medien, etwa 5 Meilen östlich von Kirmanschah, erhebt sich sehr steil etwa 500 Meter über die Ebene. Der untere Teil ist senkrecht behauen; in etwa 100 Meter Höhe sind in eine künstliche Nische eingemeisselt: Der König, begleitet von einem Bogenträger und einem Lanzenträger, tritt und stützt seinen Bogen auf einen vor ihm liegenden Feind (Gaumata), der flehend beide Hände erhebt. Hinter letzterem nahen sich, die Hände auf den Rücken gefesselt, während ein langes Seil um ihre Hälse geschlungen ist, 9 weitere Empörer (Açina, Nidintu-Bel, Fravartiš, Martiya, Citratakhma, Vahyazdāta, Arakha, Frada, Skunka). Ihre Körperhöhe reicht dem König und seinen Begleitern kaum bis an die Brust. Über der Mitte dieser Gestalten erblickt man eine häufig dargestellte mythologische Figur (Auramazda), deren untere Hälfte in ein Strahlenkleid übergeht. Die linke Hand trägt einen Kranz, die rechte scheint dem König zuzuwinken. Abbildungen des Felsens von Behistan findet man bei PORTER, Travels, Vol. 2 S. 150, bei FLANDIN et COSTE, Voyage, Vol. 1 pl. 16, hiernach bei KOSSOWICZ, Inscript. Archetypa SS. 8—10; Abbildungen der Sculpturen bei FLANDIN et COSTE a. a. O. pl. 18, bei RAWLINSON in JRAS vol. 10 (1847) auf den ersten beiden Tafeln, hiernach bei KOSSOWICZ a. a. O. Archetypa SS. 46 u. 47. Die Bilder sind von Inschriften begleitet, einer grossen (Bh) und mehreren kleinen (Bh kl).

Bh. 5 Columnen von (96 + 98 + 91[?] + 92[?] + 36[?] = 413[?] Zeilen, veröffentlicht von RAWLINSON a. a. O. auf 5 Tafeln.

Bh kl, 11 kleinere Inschriften, dreisprachig bis auf die erste und die letzte, von denen babylonische Übersetzungen fehlen. Sie stehen über den Figuren, mit Ausnahme der zweiten, welche sich unter der liegenden Figur befindet, und der fünften, welche den unteren Teil des Kleides der 3. stehenden Figur bedeckt und hinter ihr auf dem Felsen fortgesetzt wird. Veröffentlicht sind sie von Rawlinson auf einer Tafel: Bh a, 18 Zeilen, ist nur eine Wiederholung der ersten 4 Paragraphen der grossen Inschrift; Bh b enthält 7 ZZ., Bh c 10 ZZ., Bh d 8 ZZ., Bh e 11 ZZ., Bh f 6 ZZ., Bh g 12 ZZ., Bh h 9 ZZ., Bh i 11 ZZ., Bh j 6 ZZ., Bh k endlich 2 ZZ. Papier-Abdrücke der Texte Bh b, Bh c, Bh d, Bh e, Bh f, Bh g, Bh i und Bh j befinden sich im Britischen Museum.

B. Inschriften von Persepolis.

Die prachtvollen Ruinen von Persepolis sind schon von vielen Reisenden besucht und beschrieben worden. Vgl. DELLA VALLE *Reise-Beschreibung* 3. Th. SS. 129 ff. u. Taff. 20 u. 21, CHARDIN *Voyages* t. 9 SS. 49 ff. u. Taff. 52 ff., KÄMPFER, *Amoenitates* SS. 297 ff., DE BRUYN *Voyages* t. 1 SS. 261 ff. u. Taff. 117 ff., NIEBUHR, *Reisebeschreibung* 2. Th. SS. 222 ff. u. Taff. 18 ff., PORTER, *Travels* Vol. I SS. 575 ff. u. Taff. 29 ff., TEXIER, *Description* 2. p. SS. 159ff. und Pll. 91 ff., FLANDIN et COSTE, *Voyage* t. II Pll. 66 ff., die Photographien von STOLZE, endlich DIEULAFOY, *L'art antique de la Perse* pp. 2 u. 3. Auch KOSSOWICZ'S Ausgabe der altpersischen Keilinschriften bringt mehrere Abbildungen der Ruinen von Persepolis. KÄMPFER, NIEBUHR, danach LASSEN in ERSCH und GRUBERS *Encyclopädie*, PORTER, STOLZE u. Andere geben auch Grundrisse. Wir lassen jetzt eine kurze, für die Erkenntnis der Inschriftenplätze aber hoffentlich ausreichende Beschreibung der Ruinen folgen und verweisen im Übrigen auf den Plan am Schlusse oder, für eingehenderes Studium, auf das STOLZEsche Werk. Etwa 50 Kilometer von Schiras nordnordöstlich liegt der Berg Rehmed, dessen westliche Seite durch Abtragung und Auffüllung für den Grund der Palastbauten hergerichtet war. Dieser Grund bildet ungefähr ein längliches Viereck, dessen schmale Seiten im Norden und im Süden liegen. An der Westseite und zwar mehr nach Norden zu befindet sich eine breite, sehr bequeme Doppeltreppe, welche den einzigen Zugang zu den Palästen von der Ebene aus bildete. Östlich von der Treppe sieht man 2 hohe Mauern, welche einen ziemlich engen Durchgang lassen, und mit Flügelstieren geschmückt sind. Am hinteren Ende dieses Durchgangs standen 2 Säulenpaare, von denen eines noch erhalten ist, darauf folgen wieder 2 Mauern mit Flügelstieren, letztere jedoch an der Ostseite. Dies ist der Thorweg des Xerxes. Wendet man sich von hier nach rechts (Süden), so gelangt man an eine Terrasse, zu welcher man auf 4 Treppen emporsteigen kann. Auf dieser Terrasse befand sich die Säulenhalle des Xerxes. Von den 72 Säulen stehen noch 14; übrigens hat diese Säulenhalle der ganzen Ruinenstätte den jetzigen Namen *Cihilminar* gegeben. Weiter nach Süden folgt eine zweite Terrasse, zu welcher jetzt noch Treppen auf der West- und Südseite führen. Hier befand sich das *Tacara* (Magazin) des Darius I., welches von Xerxes und Artaxerxes II. vergrössert wurde und von dem noch eine Anzahl Thüren, Fenster und Säulen stehen. Weiter nach Süden folgt ein tiefer liegender Teil und dann eine dritte Terrasse, auf dem ein Palast Artaxerxes' III. gestanden hat, der aber völlig zerstört ist. An der Ostseite, nur durch einen schmalen Gang getrennt, schliesst sich der Palast des Xerxes an, von dem noch Trümmer erhalten sind. Sehen wir von der südlichen Grenzmauer des ganzen Complexes ab, so ist die Reihe der Inschriften tragenden Bauten in Persepolis hiermit abgeschlossen. Von den übrigen Ruinen sind noch die zweier Gebäude bemerkenswert, von denen das eine östlich vom Palaste des Xerxes stand, während das andere, grössere etwa die Mitte des ganzen Platzes einnahm. Östlich von letzterem ist ein Königsgrab mitten in den Berg eingehauen, wo sich die Inschriften des Darius befinden, zeigt folgende Zusammenstellung.

Dar. Pers. a, 6 ZZ., mehrere Male, über den Bildern des Königs und seiner beiden Begleiter, an den Thürpfosten des inneren Zimmers vom Tacara; veröffentlicht von DE BRUYN a. a. O. Taf. 132, NIEBUHR a. a. O. Taf. 24 B, SAINT-MARTIN in JA t. 2 Pl. 2 (1823) und in *Mémm. de l'Acad. des Inscr.* t. 12 p. 2 S. 137 (1836), LASSEN, *Altp. Keilinschr.* Tafel, GROTEFEND, *N. Beitr.* 1. *Erl. d. pers. Keilschr.* Taf. 2., FLANDIN et COSTE a. a. O. Vol. 3 pl. 128, SPIEGEL, *Altp. Keilinschr.?* Lesеübung. Ein Abguss befindet sich im Britischen Museum.

Dar. Pers. b, 1 Z., auf dem Kleide des Königs (in mehreren Exemplaren?), jetzt im Cabinet des Médailles der Bibliothèque Nationale in Paris. Veröffentlicht von DE BRUYN a. a. O. Taf. 133, GROTEFEND, *N. Beitr. 1. Erl. d. pers. Keilschr.* Taf. IV und GOBINEAU, *Traité* t. 1 S. 322.

Dar. Pers. c, 1 längere Z., 18 mal an den Fenstersimsen desselben Zimmers, veröffentlicht von CHARDIN a. a. O. Taf. 69, KÄMPFER a. a. O. S. 347, DE BRUYN a. a. O. Taf. 134, OUSELEY *Travels* Vol. 2 Taf. 41, LASSEN nach WESTERGAARDS Abschrift im ZKM 6. Bd. S. 22 (1845) und FLANDIN et COSTE a. a. O. Vol. 3 pl. 128.

Dar. Pers. d, 24 ZZ., nur altpersisch, an der südlichen Grenzmauer der ganzen Anlage von Persepolis. Die susische Inschrift II und die babylonische Inschrift II sind nicht Übersetzungen der altpersischen, sondern haben ganz abweichenden Inhalt. Veröffentlicht von NIEBUHR a. a. O. Taf. 31 II und PORTER a. a. O. Taf. 55 a, TEXIER a. a. O. 2. p. Pl. 143, FLANDIN et COSTE a. a. O. Vol. 2 pl. 71. Photographie in STOLZES *Persepolis* 2. Bd. Blatt 95.

Dar. Pers. e, 24 ZZ., gleichfalls nur altpersisch, an der rechten Seite der vorigen befindlich. Veröffentlicht von NIEBUHR a. a. O. Taf. 31 I, PORTER a. a. O. Taf. 55 b, TEXIER a. a. O., FLANDIN et COSTE a a. O. Photographie bei STOLZE a. a. O.

C. Inschriften von Naḳš-i-Rustem.

In einer Entfernung von etwa 15 Kilometern nordwestlich von Persepolis gelangt man an den Berg Naḳš-i-Rustem, einen langen und an der Südseite sehr steilen Felsen, in welchen 4 achämenidische Königsgräber, ähnlich dem von Persepolis, eingehauen sind. Sie haben alle dieselbe Gestalt: 4 Säulen, in deren Mitte sich der Eingang befindet, darüber 2 Reihen Menschen, welche mit erhobenen Händen das darüber stehende zu tragen scheinen, ganz oben endlich der König gegen den Altar nach rechts gewendet, dazwischen in der Höhe dieselbe mythologische Figur wie am Felsen von Behistan, hinter dem Altar und höher als derselbe eine Kugel (die Sonnenscheibe?) — alles in hohen Reliefs. Wegen ihrer Höhe sind die Gräber ziemlich schwer zugänglich. Beschrieben worden sind sie in den meisten der oben für Persepolis genannten Werke, welche auch zum grössten Teil Abbildungen enthalten. Photographien, die leider sehr wenig genügen, zeigt Stolzes Werk 2. Bd. Blätter 106—122. Unter den achämenidischen befinden sich sassanidische Reliefs und Inschriften, eine mit griechischer Übersetzung. Keilinschriften hat nur Grab III von Südosten aus, das Grab des Darius, und zwar:

NR a, 60 ZZ., links vom König, also ganz oben, veröffentlicht von Lassen nach Westergaards Abschrift a. a. O. Taff. 2—5. Photographie bei Stolze a. a. O. 2. Bd. Bl. 109.

NR b, 60 ZZ., unterhalb der Menschenreihen, zwischen den beiden Säulen links vom Eingang, fast unrettbar verstümmelt. Die ersten 9 Zeilen nach Wests Abschrift hat Lassen a. O. SS. 119—121 bekannt gemacht, die ersten 15 ZZ., ebenfalls nach West, aber nur in Umschrift, Rawlinson in JRAS vol. 10 S 312. 1847, Flandin et Coste a. a. O. Vol. 4 pl. 181ter. Unbrauchbare Photographie bei Stolze a. a. O. Bl. 110.

NR c, 2 ZZ. über der höchsten Figur (Speerträger) links vom König.

NR d, 2 ZZ., unter der vorigen Figur und über derjenigen eines Bogenträgers.

NR e, 1 Z., über einer der Figuren, welche das oberste Stockwerk („den Thron") tragen. Die letztgenannten 3 kleinen Inschriften, auch als **NR kl** zusammengefasst, sind von einem englischen Reisenden Tasker abgeschrieben und von Rawlinson in JRAS vol. 12 SS. XIX f. veröffentlicht worden. Wegen der geringen Grösse ihrer Schriftzeichen sind sie von unten aus nicht zu erkennen. Auch auf Stolzes Photographie (Bl. 103) wird man vergebens nach einer Spur suchen.

Man könnte vermuten, dass jede der Figuren, welche den „Thron" tragen, wie der Maciya in NR e, eine erklärende Beischrift hatte. Schon die Analogie des Felsens von Behistan führt auf diesen Gedanken. Die Entscheidung dieser Frage ist einem künftigen Reisenden vorbehalten. Übrigens hat M. Dieulafoy nach einer Bemerkung in den *Comptes rendus de l'Académie des Inscriptions et Belles-Lettres* (IV. série t. 13 S. 231. 1885) am Grabe des Darius 7 achämenidische Inschriften entdeckt, deren Veröffentlichung aber noch aussteht.

D. Inschrift von Elvend.

Südlich von Hamadan (Ekbatana) ist ein steiler Berg, der Elvend, in welchen 2 Nischen eingehauen sind, die linke etwas höher als die rechte. Abbildungen des Felsens finden sich bei Ch. Texier a. a. O. 1 partie pl. 60, bei Flandin et Coste a. a. O. Vol. I pl. 24, hiernach bei Kossowicz a. a. O. Archetypa SS. 104 und 51, und bei Brugsch, *Reise* 1. Bd. S. 381. In der linken Nische steht die Inschrift des Darius, **Dar. Elv.** 20 ZZ., veröffentlicht nach einer Abschrift von Fr. Schulz im JA III. sér. t. 9 pl. VIII, Texier a. a. O. t. p, pl. 61 und Flandin et Coste a. a. O. Vol. 1 pl. 26.

E. Inschrift von Kerman.

In der Grabkapelle des heiligen Nemet Ullah in Mahun, eine Tagereise von Kerman entfernt, wird eine kleine vierseitige Pyramide aus schwarzem Stein aufbewahrt, von der 3 Seiten mit Keilschrift bedeckt sind. Der altpersische Text dieser Inschrift, **Kr.**, 8 ZZ., ist von Gobineau, *Traité* t. 1. SS. 323 f. veröffentlicht worden.

F. Inschriften von Susa.

Unter den Ausgrabungen Dieulafoys, die sich jetzt im Louvre befinden, sind auch 2 Thontäfelchen mit altpersischen Inschriften, welche leider stark verstümmelt sind und zwar:

Dar. Sus. a, Fragmente von 5 Schlusszeilen. Wie gross die ganze Inschrift war, lässt sich nicht bestimmen;
Dar. Sus. b, Fragmente von 8 Schlusszeilen, die sich jedenfalls zu einer Inschrift von 10 ZZ. ergänzen lassen. Veröffentlicht bei Dieulafoy, *L'Acropole de Suse* SS. 309 f.

G. Inschriften vom Suezkanale.

Dass Darius bereits einen Kanal vom Nil nach dem Roten Meere gegraben, bezeugen sowohl alte Schriftsteller, als auch seine eigenen Schriftdenkmäler, die in der Nähe des modernen Kanals gefunden worden sind. Die Nachrichten der neueren Reisenden hierüber sind am vollständigsten gesammelt von J. Ménant, *La Stèle de Chalouf*,

Wir dürfen deshalb auf diesen Aufsatz sowie auf die Angaben in BAEDEKERS *Ägypten*. 1. Th. 2. Aufl. SS. 450 ff. nebst Karte verweisen und fassen hier nur kurz zusammen.

Das Denkmal A befand sich beim Kilometer 89 des Suezkanales, und zwar, wie auch die beiden anderen auf der rechten (westlichen) Seite. LEPSIUS fand hier ein Stück Flügel eines Discus im persischen Stil, einen Stein mit Keilschrift und einen anderen mit Hieroglyphen. Nach NAVILLE liegen an der Stelle nur noch viele kleine Stücke mit einem oder zwei Schriftzeichen.

Das Denkmal B stand beim Kilometer 133. LESSEPS hat es im Jahre 1866 freilegen lassen. Die kleineren Stücke wurden dann nach Schalûf gebracht und photographirt, während man die grösseren am Fundort selbst wieder eingrub, um sie vor weiterer Zerstörung zu schützen. Ein Verzeichnis der photographirten Stücke gab MASPERO in *Recueil de travaux* etc. Vol. 7 S. 4; ihre Zusammensetzung hat, anscheinend mit Glück, MÉNANT in der angeführten Arbeit versucht. Nach seinen Abbildungen beschreiben wir das Denkmal folgendermassen: Eine vierkantige Säule ist derartig oben abgerundet, dass 2 sich gegenüberliegende Seitenflächen aus einem Rechteck und einem Kreisabschnitt bestehen. Auf einer dieser Flächen erblickt man ganz oben eine geflügelte Scheibe, darunter 2 Männer in persischer Tracht, welche sich gegenüberstehen und in ihrer Mitte eine Tafel mit kurzer altpersischer Inschrift (a) halten. Hinter dem Manne auf der rechten Seite steht eine kleine altpersische Inschrift (b), gegenüber auf der linken ihre susische und ihre babylonische Übersetzung. Den ganzen übrigen Teil des Steines nahm eine grosse dreisprachige Inschrift (c) ein, von der aber die babylonische Übersetzung gänzlich verschwunden (oder noch verschüttet?) ist, während von dem susischen und noch mehr vom altpersischen Texte Teile erhalten geblieben sind. Auf der Rückseite befanden sich Darstellungen in ägyptischem Stile und mehrere hieroglyphische Inschriften, die aber jedenfalls nicht Übersetzungen der Keilschrifttexte gewesen sind. Die Inschrift **Su a** enthält in 4 ZZ. lediglich den Namen des Darius, **Su b** 7 ZZ., **Su c** 12 ZZ. Vgl. auch OPPERT, *Le peuple et la langue des Mèdes* SS. 214 ff.

Das 3. Denkmal C wurde von LESSEPS entdeckt. Nördlich von Suez bei Kilometer 150 liegen auf einem kleinen Hügel 2 grosse Granitblocke, deren einer auf der Vorderfläche eine halbverlöschte Keilinschrift zeigt. Veröffentlicht ist diese noch nirgend.

Von einem 4. Denkmal, 1 Kilometer südlich von Tell el-Mashutah am Süsswasserkanal, entdeckte W. GOLÉNISCHEFF 1889 beträchtliche Bruchstücke einer ähnlichen Stele wie B, aber nur mit hieroglyphischen Inschriften, während ein unbedeutendes, am selben Orte gleichzeitig gefundenes Fragment mit wenigen altpersischen Zeichen einem anderen Denkmale angehörte. Vgl. GOLÉNISCHEFFS Bericht in *Rec. de trav.* Vol. 13 SS. 97—109, woselbst auch ein Brief JARILLON über etliche andere, für die Wissenschaft jedenfalls völlig verlorene Denkmäler dieser Art einige Auskunft gibt.

H. Siegelinschrift.

Das Siegel des Darius, ein kleiner, durchbohrter Krystall-Cylinder, befindet sich im Britischen Museum. Auf der gekrümmten Fläche ist der König als auf der Löwenjagd begriffen dargestellt. An den Seiten wird das Bild von 2 Palmen begrenzt, zwischen denen auf der anderen Seite eine dreisprachige Inschrift, **Dar. Sgl.**, 1 Z. sich befindet. Die Schrift ist, wie für ein Siegel natürlich, rückläufig. Es ist oft abgebildet worden, zuerst wohl von GROTEFEND, *Neue Beiträge* 1. Erläut. d. babyl. Keilschr.. S. 5 Fig. 11 SS. 34 ff., MÉNANT, *Les Inscriptions des Achéménides* und *Les Pierres gravées*, GEO. RAWLINSON, *The five great monarchies*, Vol. 4 S. 182, JUSTI, *Geschichte* S. 112. Die Inschrift a. bei GROTEFEND a. a. O.

I. Gewicht-Inschrift.

Der Gewichtstein, im Britischen Museum befindlich und als BU 1888, 257 registrirt, hat eine Ausdehnung von 2. 1³/₈. 1³/₄ engl. Zoll, besteht aus grünem Basalt und wiegt 2573 Gran Troy. Er enthält eine dreisprachige Inschrift, **Dar. Pond.**, deren altpersischer Teil 8 ZZ. enthält. Veröffentlicht ist sie von BUDGE in *PSBA* vol. 10 S. 464, 1888.

II. Inschriften des Xerxes.

A. Inschriften von Persepolis.

Xerx. Pers. a. 20 ZZ., in 4 gleichlautenden Exemplaren über den geflügelten Stieren im Thorweg des Xerxes, nach WESTERGAARD Abschrift bekanntgemacht von LASSEN in *ZKM* Bd. 6. SS. 135 ff. und von RAWLINSON in *JRAS* vol. 10 SS. 329 f. — beide nur in Transcription. FLANDIN et COSTE a. a. O. Vol. 2 pll. 83—86. Photographien bei STOLZE a. a. O. Bd, 2, Bll. 89—92. Die von RICH persischem Diener genommene Abschrift, veröffentlicht von RICH a. a. O. Taf. 24, ist unbrauchbar.

Xerx. Pers. b. 30 ZZ., nur altpersisch, befindet sich an der Nordseite der Säulenhalle des Xerxes und zwar links neben der am weitesten rechts gelegenen Treppe. An der entsprechenden Stelle der linken Treppe ist eine Tafel, vermutlich zur Aufnahme der Übersetzungen dieser Inschrift, geglättet, aber nie beschrieben worden. Veröffentlicht wurde die Inschrift von DE BRUYN a. a. O. Taf. 126, NIEBUHR a. a. O. Taf. 24A., PORTER a. a. O. Taf. 44.

LASSEN, *Die altpers. Keilinschriften* Taf., GROTEFEND, *N. Beitr.* 2. Erl. d. pers. Keilschr. Taf. 1, TEXIER a. a. O. Vol. II Pl. 97, FLANDIN et COSTE a. a. O. Vol. 2 pl. 111. Photographie bei STOLZE a. a. O. Bd. 2 Bl. 76.

Xerx. Pers. c, in 2 nur durch die Zeilenabteilung verschiedenen Exemplaren: **a** und **b**. Beide befinden sich beim Tacara des Darius, und zwar **a**, 15 ZZ., an dem Pfeiler in der Südwestecke des Gebäudes, **b**, 25 ZZ., ungefähr in der Mitte der südlichen Grenzmauer der Terrasse, auf welcher das Tacara steht. Veröffentlicht ist **Xerx. Pers. ca** von DR. BRUYN a. a. O. Fig. 131, LASSEN, *Ap. Keilinschr.* Tafel, RICH a. a. O. Pl. 13 und FLANDIN et COSTE a. a. O. Vol. 3 pl. 127, photographirt bei STOLZE a. a. O. Bd. 1, Bl. 46. **Xerx. Pers. cb** ist veröffentlicht von RICH a. a. O. pl. 20, FLANDIN et COSTE a. a. O. Vol. 3 pl 126, photographirt bei STOLZE a. a. O. Bd. 1 Bl. 44.

Xerx. Pers. d, in 4 bis auf die Zeileneinteilung übereinstimmenden Exemplaren vorhanden. Sie befinden sich sämmtlich am Palaste des Xerxes, und zwar **a**, 19 ZZ., an den beiden Pfeilern im Norden desselben, und **b**, 28 ZZ., an den Aussenseiten der Treppen, ebenfalls im Norden. Veröffentlicht ist **Xerx. Pers. d a** von RICH a. a. O. pl. 16, FLANDIN et COSTE a. a. O. Vol. 3 pl. 140. Photographien bei STOLZE a. a. O. Bd 1 Bll. 24 und 25. **Xerx. Pers. d b** bei FLANDIN et COSTE a. a. O. Vol. 3 pl. 139, photographirt bei STOLZE a. a. O. Bd. 1 Bll 18 und 22.

Xerx. Pers. e, 4 ZZ., in 2 fast gleichen Exemplaren über den Reliefs des Königs, der von einem Sonnenschirmträger und einem Fliegenwedler begleitet ist, an einem Thürpfosten im Norden (**a**) und einem ebensolchen im Osten (**b**) des Xerxes-Palastes. Veröffentlicht von NIEBUHR a. a. O. Taf. 24 G, SAINT-MARTIN in *JA* t. 2 Pl. 2 und in *Mémoires de l'Acad. des Inscr.* t. 12 p. 2 S. 127 (1836), RICH a. a. O. Pl. 18 Nr. 3a und SPIEGEL a. a. O. Lesеübung. Weitere Exemplare der Inschrift mit anderer Zeileneinteilung sind an den Kleidern der königlichen Figuren an demselben Orte angebracht. Die Reste von dreien solcher Inschriften hat RICH a. a. O. pl. 19(a), (b), (c) wiedergegeben. Auch über den Thüren desselben Gebäudes findet sich diese Inschrift in mehreren Exemplaren (auf 2 ZZ. verteilt): RICH a. a. O. pl. 19(d), FLANDIN et COSTE a. a. O. Vol. 3 pl. 141

B. Inschrift von Elvend.

Xerx. Elv., 20 ZZ. befindet sich in der Nische rechts von Dar. Elv., veröffentlicht bei BURNOUF, *Mémoire* Pl. 4, von BÉER in *Allg. Lit. Ztg.* 1838 Nr. 6, nach SCHULZ' Abschrift in *JA* III. sér. t. 9 pl. 7 Nr. 1., TEXIER a. a. O. Vol. 1 Pl. 59, FLANDIN et COSTE a. a. O. Vol. 1 pl. 27.

C. Inschrift von Van.

Am Felsen der Citadelle der Stadt Van, 60 Fuss senkrecht über der Ebene ist eine viereckige Nische eingemeisselt, welche die Inschrift **Xerx. Van**, 27 ZZ., enthält. Abgebildet ist der Fels bei TEXIER a. a. O. Vol. I Pll. 36 ff., bei BORÉ, *L'Arménie* Pl. 4, danach von KOSSOWICZ a. a. O. Archetypa SS. 106—108. Die Inschrift nach SCHULZ' Abschrift in *JA* III. sér. t. 9 Pl. 2 Nr. IX, bei TEXIER a. a. O. Vol. I Pl. 39.

D. Vasen-Inschrift.

Vasen mit Inschriften des Xerxes sind mehrere gefunden worden. Sie bestehen aus Alabaster, und jede enthält eine Inschrift von je 1 Zeile in 4 Sprachen. Die zuerst bekannt gewordene befindet sich im Cabinet des Médailles der Bibliothèque Nationale zu Paris. Sie ist von CAYLUS, *Recueil* t. 5 Pl. 30 abgebildet worden. Vgl. auch daselbst SS. 79 ff. Die Inschrift **Xerx. Vase a** ist veröffentlicht von SAINT-MARTIN in *JA* t. 2, Pl. 2, GROTEFEND, *Neue Beiträge* 2. Erl. der pers. Keilschr. Taf. 2, PETTIGREW in *Archaeologia* Vol. 31 pl. 6. Ferner fand NEWTON bei der Ausgrabung des Mausoleums von Halikarnass 1856 eine ebensolche Vase. jetzt im Brit. Mus. 57, 12—20, 1. Vgl. NEWTON, *A history of discoveries*, Vol. 2 part 1 S. 91, part 2 SS. 667 ff. Abbildung a. a. O. Vol. 1 pl. 7, danach bei KOSSOWICZ a. a. O. Archetypa S. 111, daselbst auch die Inschrift **Xerx. Vase b**. LOFTUS fand in den Ruinen Susas einige Bruchstücke der gleichen Art, die er in das Britische Museum sandte, wo sie die Nrr. 6—10 der am 19. Dezember 1853 eingegangenen Altertümer bilden. Vgl. seine *Travels* SS. 409 ff. Endlich sind minder beträchtliche Bruchstücke derartiger Vasen aus DIEULAFOYS Ausgrabungen in den Louvre gelangt.

III. Inschriften Artaxerxes' II.

In den Ruinen des alten Susa entdeckte LOFTUS 1852 eine Säulenhalle, ähnlich der des Xerxes zu Persepolis. Von vieren dieser Säulen trugen die Piedestals dreisprachige Inschriften **Art. Sus. a**, je 5 ZZ. Nach LOFTUS' Beschreibung (a. a. O. SS. 370 ff.) sind nur von dem 1. und 2. Exemplar beträchtlichere, vom 3. nur ganz geringe, vom 4. gar keine Bruchstücke übriggeblieben. Veröffentlicht sind sie bei LOFTUS, *Lithographic Facsimiles* Pl. 2 (a) und Pl. 3 (b). Ein Papierabdrücke besitzt das Britische Museum.

Art. Sus. b. 1 längere Z., läuft um ein Säulenpiedestal, welches in einer anderen Gegend des Ruinenhügels von LOFTUS (*Travels* S. 402) entdeckt und veröffentlicht (*Facsimiles* Pl. 16), von DIEULAFOY nach dem Louvre gebracht wurde. Ein Papierabdruck befindet sich im Britischen Museum.

Art. Ham., 5 ZZ., auf den Bruchstücken der Piedestals zweier Säulen aus schwarzem Diorit, in Hamadan gefunden, jetzt im Besitze eines englischen Privatmannes, Mr. LINDO MYERS. Die Inschrift ist veröffentlicht von EVETTS in *ZA* Bd. 5 SS. 413 f. (1890).

IV. Inschrift Kyros' des Jüngeren.

In der Nähe von Murghâb (etwa 45 Kilometer nordöstlich von Persepolis) finden sich die Ruinen eines oder mehrerer Gebäude, welche oft beschrieben und abgebildet sind. Vgl. die meisten der oben genannten Reisebeschreibungen, zuletzt MARC DIEULAFOY, *L'art antique de la Perse* 1. p. SS. 29 ff. u. Pll. 12 ff. und JANE DIEULAFOY, *La Perse* SS. 367 ff. Von dem Palaste, der diese Stelle einst zierte, stehen noch 3 Pfeiler und eine hohe Säule. Sie tragen oben eine und dieselbe Inschrift: **Kyr. Murgh.**, 2 ZZ. Ein 5. Exemplar dieses Textes befand sich über einem Relief (männliche Figur in langem, enganliegenden Gewande mit 6 Flügeln, auf dem blossen Haupte eine eigentümliche Verzierung) an einem Pfeiler weiter östlich, ist aber nach STOLZE (a. a. O. Bd. 2 „Bemerk. z. d. Taff." u. Pasargadä) beseitigt worden. Die Inschrift ist häufig wiedergegeben worden. MORIER, *Travels*, Pl. 29 Nr. 5; OUSELEY a. a. O. Vol. 2. Pl. 49 Nr. 5; PORTER a. a. O. Vol. 1, Pl. 13 (mit Relief); SAINT-MARTIN in *JA* t. 2. 1823 und in *Mém. de l'Acad. des Inscr. et Belles-Lettres* t. 12 p. 2 S. 156; BURNOUF a. a. O. Pl. 5; GROTEFEND, *Neue Beitr.* z. *Erläut. d. pers. Keilinschr.* Taf. 2 Nr. I; RICH a. a. O. Pl. 12; TEXIER a. a. O. Vol. 2 Pl. 84 (m. Rel.), FLANDIN et COSTE a. a. O. Vol. 4 pl. 199 A – E. Photographien bei STOLZE a. a. O. Bd. 2 Bll. 133 und 134 (unleserlich) und bei MARCEL DIEULAFOY a. a. O. 1. p. Pll. 13 u. 14. Der Pfeiler mit dem Relief, aber ohne Inschrift ist photographirt bei STOLZE a. a. O. Bd. 2 Ill. 132, abgebildet bei M. DIEULAFOY a. a. O. 1. p. Pl. 17, danach bei JANE DIEULAFOY a. a. O. S. 373. Ob die Inschrift dem grossen Kyros oder dem Bruder des Artaxerxes Mnemon zuzusprechen sei, ist noch nicht völlig klar. Doch dürfte die letztere Annahme weit grössere Wahrscheinlichkeit haben. (Vgl. oben S. 2.)

V. Inschriften Artaxerxes' III.

In Persepolis befinden sich an der Nordseite des Artaxerxes-Palastes 3 mit einander übereinstimmende altpersische Inschriften, **Art. Pers. a** von 26 ZZ., mehr oder weniger verstümmelt. Ein viertes Exemplar, in 35 ZZ. verteilt, steht an der Westtreppe des Tacara: **Art. Pers. b**. Veröffentlicht wurde Art. Pers. a von RICH a. a. O. Pl. 23, FLANDIN et COSTE a. a. O. Vol. 3 pl 129; Art. Pers. b von FLANDIN et COSTE a. a. O. Vol 3 pl. 125. Photographien bei STOLZE a. a. O. Bd. 1 Bll. 26, 27 u. 28 und Bll. 41. 47 u. 48.

VI. Vase des Artaxerxes.

Welchem der 3 Könige dieses Namens die Vase aus grünem Porphyr, die im Tesoro di S. Marco in Venedig aufbewahrt wird, zuzuschreiben sei, ist ungewiss. Die viersprachige Inschrift (**Art. Vase**, 1 Z.) gibt dafür keinen Anhalt. Aus archäologischen Gründen setzen LONGPÉRIER und LETRONNE sie in die Zeit des 1. Artaxerxes. Abgebildet ist sie bei KOSSOWICZ a. a. O. Interpretatio et Commentarii S. 106. Die Inschrift wurde veröffentlicht von LONGPÉRIER in *RA* 2. p. S. 446. 1845 (wiederholt in seinen *Oeuvres* T. 1. S, 63) und PETTIGREW a. a. O.

VII. Inschriften von Privatpersonen.

Bis jetzt sind folgende 5, ganz kurze Inschriften, alle in geschnittene Steine (Siegel) eingegraben, bekannt:

Sgl. a, bekannt gemacht von GROTEFEND in *ZKM* Bd. 7 Taf. Nr. 5 (1850), LAVARD, *Discoveries*, p. 2 S. 607, hiernach von KOSSOWICZ a. a. O. Archetypa S. 136 wiederholt. Der Stein befindet sich jetzt im Britischen Museum.

Sgl. b, früher im Besitz eines Herrn A. RAIFÉ in Paris, abgebildet bei LENORMANT, *Description des antiquités composant la collection de feu M. A. RAIFÉ* S. 69, Nr. 506, besprochen von OPPERT in *Mélanges d'archéologie égyptienne et assyrienne* t. 1 SS. 29 ff. (1873).

Sgl. c und **d**, aus der Sammlung des Grafen GOBINEAU, von diesem beschrieben in *RA* nouv. sér. t. 27 S. 383 Nrr. 276 u 277, abgebildet Pl. 5 (1874).

Sgl. e, im Musée des Armures in Brüssel, abgebildet und beschrieben von MENANT in *Archives des missions scientifiques* III. sér. t. 5 SS. 418 f. (1879).

Die bisherigen Bezeichnungen der Achämeniden-Inschriften, welche zum grössten Teil auf WESTERGAARD und LASSEN, teilweise sogar auf NIEBUHR zurückgehen, und meist in Buchstaben des grossen Alphabetes bestehen, erweisen sich als unzureichend. Wir haben deshalb eine, zwar öfter etwas weitläufigere, aber um so deutlichere Bezeichnungsweise gewählt. Zur Unterscheidung der verschiedenen Übersetzungen können die Zusätze **ap.**, **as.**, **ab.** und **äg.** dienen. Eine rasche Übersicht vermittelt folgende Tabelle.

Alte Bezeichnung	Neue Bezeichnung	Alte Bezeichnung	Neue Bezeichnung
A*)	Xerx. Pers. b	M	Kyr. Murgh.
B	Dar. Pers. a	N(a)	Dar. Sgl.
Beh.	(Dar.) Bh.	NR	(Dar.) NR
C	Xerx. Pers. c	O	Dar. Elv.
D	Xerx. Pers. a	P*)	Art. Pers.
E	Xerx. Pers. d	Qa†)	Xerx. Vase
F	Xerx. Elv.	Qb†)	Art. Vase
G	Xerx. Pers. e	R*)	Sgl. a
H*)	Dar. Pers. e	S	Art. Sus.
I*)	Dar. Pers. d	Sgl. (Bezold)	Dar. Sgl.
K	(Xerx.) Van	Sz	(Dar.) Sz.
Krm.	(Dar.) Kr.	T	Dar. Pond.
L	Dar. Pers. b		

*) Nur altpersisch. — †) Viersprachig.

TEXTE

in lateinischer Umschrift mit deutscher Übersetzung.

I. Darius I.

A. Inschriften von Behistan.

Grosse Inschrift: Bh.

Col. I.

§ 1 (Neusus. Text 1). | Adam | Dârayavauš | khšâyathiya | vazraka | khšâyathiya | *khšâyа*thiy
ânâm | khšâyathiya ¦ Pârsaiy | khšâyathiya ¦ dahy*unam* V¸i¦st
âspahyâ | putṛa | Arśâmahyâ | napâ | Hakhâmani*šiya* § 2 (2). | *Thatiy* |
Dârayavauš | khšâyathiya | manâ | pitâ | V¦i¦stâspa | V¸i¦stâspahyâ , *pitа* | Arś
5 âma | Arśâmahyâ | pitâ | Ariyârâmna | Ariyârâmna*hya* | *pitа* | [Cišpiš ¸] Cišp
âiš | pitâ | Hakhâmaniš § 3 (3). | Thatiy | Dârayavauš | khšâyath*iya* , *avahyarâ*
diy | vayam | Hakhâmanišiyâ | thahyâmahy | hacâ | paru*viyata | amа*tâ | ama
hy | hacâ | paruviyata | hyâ | amâkham | taumâ | khšâ*yathiyа* | *a*ha § 4 (4). | Th
âtiy | Dârayavauš | khšâyathiya | VIII | manâ | taumâ*ya | tyaiy | ра*ruvam
10 | khšâyathiyâ | âha | adam | navama | IX | duvitâtarnam | *vayam | khš*âyathi
yâ | amahy § 5 (5). | Thâtiy | Dârayavauš | khšâyathiya | *vašnа | Auramа*zd
âha | adam | khšâyathiya | amiy | Auramazdâ | khšâtṛam | manа | *frabаra*
§ 6 (6). | Th
âtiy | Dârayavauš | khšâyathiya ¦ imâ | dahyâva | tyâ | manâ ¦ *patiy*âiša | vašn
â | Auramazdâha | adamšâm | khšâyathiya | âham | Pârsa | U*raja ¦ Babi*ruš | A
15 thurâ | Arabâya | Mudrâya | tyaiy | darayahyâ | Sparda | Yau*na | Mada | Ar*mina | Kat
patuka | Parthava | Zarâka | Haraiva | Uvârazmiya | Bâkhtriš ¦ *Su*ᵍuda | Gâdâra | Sa
ka | Thataguš | Harauvatiš | Maka | fraharvam | dahyâva | XXIII § 7 (7). | *Thаtiy* | Dâra
yavauš | khšâyathiya | imâ | dahyâva | tyâ | manâ | pati*yаiša* | vašnâ | Au
ramazdâha | manâ | bâdakâ | âhâtâ | manâ | bâjim | abarâtâ | *tyа*šâm | hacâma
20 | athahya | khšapavâ | raucapativâ | ava | akunavyatâ § 8 (8). | *Thаtiy* | Dârayavauš
khšâyathiya | âtar | imâ | dahyâva | martiya | hya | dauštâ | âha | avam | u
bartam | abaram | hya | arika | âha | avam | ufrastam | aparsam | *vašnа* | Auramazdâ
ha | imâ | dahyâva | tyanâ | manâ | dâtâ | apariyâya | yathâ*šam | hacâma | athah
ya | avathâ | akunavyatâ § 9 (9). | Thâtiy | Dârayavauš | khšâyath*iya | Au*ramazdâ
25 | manâ | khšâtṛam | frâbara | Auramazdâmaiy | upastâm | abara | yâtâ | ima | khšâtṛam |
adâry | vašnâ | Auramazdâha | ima | khšâtṛam | dâra*y*âmiy
§ 10 (10). | Thâ
tiy | Dârayavauš | khšâyathiya | ima | tya | manâ | kartam | pasâva | yathâ | khš
*ayathi*ya | abavam | Kâbujiya | nâma | Kurauš | putṛa | amâkham | taumây
*a | parи*vam | idâ | khšâyathiya | âha | avahyâ | Kâbujiyahyâ ¦ brâ
30 *tа* | Bardiya | nâma | âha | hamâtâ ¦ hamapitâ | Kâbujiyahyâ | pasâva | Kâ

I. Darius I.

A. Inschriften von Behistan.

Grosse Inschrift: Bh.

Col. I.

§ 1 (Babyl. Text Z. 1). Ich (bin) Darius, der grosse König, König der Könige, König der Länder, des Hystaspes Sohn, des Arsames Enkel, der Achämenide.

§ 2. Es spricht der König Darius: Mein Vater (ist) Hystaspes, des Hystaspes Vater (war) Arsames, des Arsames Vater Ariaramnes, des Ariaramnes Vater (Teïspes,) des Teïspes Vater Achämenes.

§ 3 (Z. 2). Es spricht der König Darius: Deswegen werden wir Achämeniden genannt, von Alters her sind wir erprobt, von Alters her war unser Geschlecht königlich.

§ 4 (Z. 3). Es spricht der König Darius: Acht meines Geschlechtes waren vordem Könige; ich bin der neunte. In zwei Reihen sind wir neun Könige.

§ 5 (Z. 4). Es spricht der König Darius: Nach dem Willen Auramazdas bin ich König; Auramazda übertrug mir die Herrschaft.

§ 6. Es spricht der König Darius: Diese [sind] die Länder, die mir zufielen; nach dem Willen Auramazdas war ich ihr König: Persien, Uvaja, Babel, Assyrien, Ägypten, die (Inseln) des Meeres, Lydien, Ionien, Medien, Armenien, Kappadokien, Parthien, Drangiana, Aria, Chorasmien, Baktrien, Sogdiana, Gandara, Skythien, Sattagydien, Arachosien, Mekran — im Ganzen 23 Länder.

§ 7 (Z. 7). Es spricht der König Darius: Diese Länder, welche mir zufielen, nach dem Willen Auramazdas wurden sie mir unterthan; Tribut brachten sie mir. Was (ihnen) von mir befohlen wurde, bei Nacht oder bei Tag, das führten sie aus.

§ 8 (Z. 8). Es spricht der König Darius: In diesen Ländern, welcher Mensch ein Freund war, den habe ich reich belohnt; wer feindselig war, den habe ich schwer bestraft. Nach dem Willen Auramazdas haben sich diese Länder nach meinem Gesetze gerichtet. Wie ihnen von mir befohlen wurde, so wurde es ausgeführt.

§ 9 (Z. 10). Es spricht der König Darius: Auramazda übertrug mir die Herrschaft; Auramazda brachte (mir) Hilfe, bis ich diese Herrschaft erlangte; nach dem Willen Auramazdas besitze ich diese Herrschaft.

§ 10 (Z. 11). Es spricht der König Darius: Dies ist, was von mir gethan wurde, nachdem ich König geworden war: Einer namens Kambyses, des Kyros Sohn, aus unserem Geschlechte, war vordem hier König. Dieser Kambyses hatte einen Bruder, namens Bardiya, von derselben Mutter und demselben Vater wie Kambyses. Darauf brachte Kambyses diesen Bardiya um. Als Kambyses den Bardiya umbrachte, war es dem Volke nicht be-

*bu*jiya | avam | Bardiyam | avāja | yathā | Kābujiya | Bardiyam | avāja | kārahy
d | *naiy* | *a*zdā | abava | tya | Bardiya | avajata | pasāva | Kābujiya | Mudrāyam |
*a*s*i*yava | yathā | Kābujiya | Mudrāyam | asiyava | pasāva | kāra | arika | abava
| *pas*ava | drauga | dahyauvā | vasiy | abava | utā | Pārsaiy | utā | Mādaiy | ut
35 a | *an*yāuvā | dahyušuvā **§ 11.** | Thātiy | Dārayavauš | khšāyathiya | pa
*sa*va | I martiya | maguš | āha | Gaumāta | nāma | hauv | udapatatā | hacā | Paiši
*ya*uvādāyā | Arakadriš | nāma | kaufa | hacā | avadaša | Viyakhnahya | māh
ya | XIV | raucabiš ' thakatā | āha | yadiy | udapatatā | hauv | kārahyā | avathā
| *a*durujiya | adam | Bardiya | amiy | hya | Kurauš | putra | Kābujiyahya | br
40 *a*tā | pasāva | kāra | haruva | hamitŕiya | abava | hacā | Kābujiyā | abiy | avam |
ašiyava | utā | Pārsa | utā | Māda | utā | aniyā | dahyāva | khšatŕam | hauv
| agarbāyatā | Garmapadahya | māhyā | IX | raucabiš | thakatā | āha | avathā | khša
tŕam | agarbāyatā | pasāva | Kābujiya | uvāmaršiyuš | amariyatā **§ 12 (11).** | Thātiy
| Dārayavauš | khšāyathiya | aita | khšatŕam | tya | Gaumāta | hya | maguš | adin
45 ā | ā | Kābujiyam | aita | khšatŕam | hacā | paruviyata | amākham | taumāyā | ā
ha | pasāva | Gaumāta | hya | maguš | adinā | Kābujiyam | utā | Pārsam | utā
| Mādam | utā | aniyā | dahyāva | hauv | āyastā | uvāipašiyam | akutā | hau
v | khšāyathiya | abava **§ 13 (12).** | Thātiy | Dārayavauš | khšāyathiya | naiy | āha | martiya
| naiy | Pārsa | naiy | Māda | naiy | amākham | taumāyā | kašciy | hya | avam | Gau
50 mātam | tyam | magum | khšatŕam | ditam ; cakhriyā | kārašim | hacā | daršam | a
tarsa | kāram | vasiy | avājaniyā | hya | paranam | Bardiyam | adānā | avahyar
ādiy | kāram | avājaniyā | mātyamām | khšnāsātiy | tya | adam | naiy | Bard
iya | amiy | hya | Kurauš | putra | kašciy | naiy | adaršnauš | cišciy | thastana
iy | pariy | Gaumātam | tyam | magum | yātā | adam | arasam | pasāva | adam | Aura
55 mazdām | patiyāvahaiy | Auramazdāmaiy | upastām | abara | Bagayādaiš |
māhyā | X | raucabiš | thakatā | āha | avathā | adam | hadā | kamnaibiš | martiyaibi
š | avam | Gaumātam | tyam | magum | avājanam | utā | tyaišaiy | fratamā | mar
tiyā | anušiyā | āhātā | Sikayauvatiš | nāmā | didā | Nisāya | nā
mā | dahyāuš | Mādaiy | avadašim | avājanam | khšatŕamšim | adam | adinam | va
60 šnā | Auramazdāha | adam | khšāyathiya | abavam | Auramazdā | khšatŕam | manā | fr
ābara **§ 14 (13).** | Thātiy | Dārayavauš | khšāyathiya | khšatŕam | tya | hacā | amākham | ta
umāyā | parābartam | āha | ava | adam | patipadam | akunavam | adamšim | gāth
vā | avāstāyam | yathā | paruvamciy | avathā | adam | akunavam | āyadan
ā | tyā | Gaumāta | hya | maguš | viyaka | adam | niyatŕārayam | kārahyā | abi
65 cariš | gaithāmcā | māniyamca | vithibišcā | tyādiš | Gaumāta | hya |
maguš | adinā | adam | kāram | gāthvā | avāstāyam | Pārsamcā | Mādamc
ā | utā | aniyā | dahyāva | yathā | paruvam*d*y | avathā | adam | tya | parābar*ta*
m | patiyābaram | vašnā | Auramazdāha | ima | adam | akunavam | adam | hamatakh*Jaiy* |
yātā | v[i*tham | tyam | amākham | gāthvā | avāstāyam | yathā | paru*vamc*ṣ*y* |
70 avathā | adam | hamatakhšaiy | vašnā | Auramazdāha | yathā | Gaumāta | hy*a* | mag*u*
š | v*i*ītham | tyām | amākham | naiy | parābara **§ 15 (14).** | Thātiy | Dārayavauš | *khšāyath*
iya | ima | tya | adam | akunavam | pasāva | yathā | khšāyathiya | abavam
                                         § 16 (15). | Th*a*tiy
| Dārayavauš | khšāyathiya ' yathā | adam | Gaumātam | tyam | magum | av*ajanam* | *ṣa*
sāva **| I** martiya | Àtŕina | nāma | Upadarmahyā | putŕa | hauv | udapata*ta* | *Uvajai*
75 y | kārahyā | avathā | athaha | adam | Uvajaiy | khšāyathiya | amiy | pas*ava* | *Uva*
jiyā | hamitŕiyā | abava | abiy | avam | Àtŕinam | ašiyava | hauv | khš*āyathiya*

kannt, dass Bardiya umgebracht war. Darauf zog Kambyses nach Ägypten. Als Kambyses nach Ägypten gezogen war, da wurde das Volk feindselig, da wurde die Lüge im Lande gross, sowohl in Persien als auch in Medien als auch in den übrigen Ländern.

§ 11 (Z. 15). Es spricht der König Darius: Da war ein Mann, ein Mager, namens Gaumāta, der empörte sich von Paišiyāuvādā aus; (dort ist) ein Berg, Arakadriš mit Namen, von da aus (erhob er sich). Im Monat Viyakhna am 14. Tage war es, als er sich empörte. Das Volk log er so an: „Ich bin Bardiya, des Kyros Sohn, des Kambyses Bruder". Da wurde das ganze Volk abtrünnig, von Kambyses ging es zu jenem über, sowohl Persien als auch Medien als auch die übrigen Länder. Die Herrschaft ergriff er; im Monat Garmapada am 9. Tage war es, als er die Herrschaft ergriff. Darauf starb Kambyses durch Selbstmord.

§ 12 (Z. 17). Es spricht der König Darius: Jene Herrschaft, welche Gaumāta, der Mager, dem Kambyses entrissen hatte, jene Herrschaft gehörte von Alters her unserem Geschlechte. Darnach entriss Gaumāta, der Mager, dem Kambyses sowohl Persien als auch Medien, als auch die übrigen Länder; er handelte nach seinem eigenen Willen; er war König.

§ 13 (Z. 19). Es spricht der König Darius: Es war kein Mensch, weder ein Perser, noch ein Meder, noch (einer) unseres Geschlechtes, der jenem Gaumāta, dem Mager, die Herrschaft entrissen hätte. Die Leute fürchteten sich sehr vor ihm: er möchte viele Leute umbringen, die den früheren Bardiya gekannt hatten; deswegen möchte er die Leute umbringen, „damit sie mich nicht erkennen, dass ich nicht Bardiya bin, des Kyros Sohn". Niemand wagte etwas zu sagen über Gaumāta, den Mager, bis ich kam. Da flehte ich zu Auramazda. Auramazda brachte mir Hilfe. Im Monat Bāgayādiš am 10. Tage war es, als ich mit wenigen Männern jenen Gaumāta, den Mager, umbrachte und die, welche (seine) vornehmsten Anhänger gewesen waren. (Es gibt) eine Festung Sikayauvatiš mit Namen (in) einer Provinz, Nisāya mit Namen, in Medien, dort brachte ich ihn um; die Herrschaft entriss ich ihm. Nach dem Willen Auramazdas wurde ich König; Auramazda übertrug mir die Herrschaft.

§ 14 (Z. 24). Es spricht der König Darius: Die Herrschaft, welche unserem Geschlechte genommen war, brachte ich wieder zurück, ich stellte sie an ihren (richtigen) Platz. Wie (es) früher (war), so machte ich (es). Die Tempel, welche Gaumāta, der Mager, zerstört hatte, stellte ich wieder her, für das Volk die Hilfsmittel, die Herden und das Wohnen in den Häusern(?), welche Gaumāta, der Mager, geraubt hatte. Ich stellte das Volk (wieder) an seinen Platz: sowohl Persien und Medien, als auch die übrigen Länder. Wie (es) früher (war), so brachte ich wieder, was fortgebracht war. Nach dem Willen Auramazdas that ich dies. Ich gab mir Mühe, bis ich unser Haus wieder an seinen Platz gestellt hatte. Wie (es) früher (war), so gab ich mir Mühe, (es zu thun) nach dem Willen Auramazdas, wie wenn Gaumāta, der Mager, unser Haus nicht fortgebracht hätte.

§ 15 (Z. 28). Es spricht der König Darius: Folgendes (ist's), was ich that, nachdem ich König geworden war.

§ 16 (Z. 29). Es spricht der König Darius: Als ich Gaumāta, den Mager, getötet hatte, da (war) ein Mann, Atrina mit Namen, des Upadarma Sohn, der empörte sich in Susa, so sprach er zu dem Volke: „Ich bin König in Susa". Da wurden die Susier abtrünnig (und) gingen zu jenem Atrina über; er war König in Susa. Und ein Mann, ein Babylonier, namens Nidintu-Bel, des Aniri' Sohn, der empörte sich in Babel, so log er das Volk an:

| abava | Uvajaiy | ută | I martiya | Băbiruviya | Nad'tabaira | năma | Aina*irahy*
ă | putřa | hauv | udapatată | Băbirauv | kăram | avathă | adurujiya | adam | Nab
uk[u]dracara | amiy | hya | Nabunaitahyă | putřa | pasăva | kăra | hya | Băbiruviya |
80 haruva | abiy | avam | Nad'tabairam | ašiyava | Băbiruš | hamitřiya | abava | kh
šatřam | tya | Băbirauv | hauv | agarbăyată **$** 17 (16). | Thătiy | Dărayavauš | khšaya
thiya | pasăva | adam | frăišayam | Uvajam | hauv | Átřina | basta | ănayată | abiy | mă
m | adamšim | avăjanam **$** 18 (17). | Thătiy | Dărayavauš | khšayathiya | pasăva | adam | Ba
birum | ašiyavam | abiy | avam | Nadītabairam | hya | Nabuk[u]dracara | agau*bata*
85 kăra | hya | Nadītabairahyă | Tigrăm | adăraya | avadă | ăištată | ută |
abiš | năviyă | ăha | pasăva | adam | kăram | mad*yo*kăuvă | avăkanam | aniyam | *n*ša
bărim | akunavam | aniyahyă | as*pa* | *pati*yănayam | Auramazdămaiy | upastăm
| abara | vašnă | Auramazdăha | Tigrăm | viyatarayăma | *pas*ăva | avadă | kăram |
tyam | Nadītabairahyă | adam | ajanam | vasiy | Átřiy*ă*diya*hya* | măhyă | XXVI | rau
90 cabiš | thakată | ăha | avathă | hamaranam | akumă **$** 19 (18). | Thătiy | Dara*yavau*š | kh
šayathiya | pasăva | a*d*am | Băbirum | ašiyava*m* | a*b*iy | Băbirum | ya*tha* | naiy | up
ăyam | Zăzăna | năma | vardanam | anuv | Ufrătauvă | avadă | h*auv* | *Nadīta*
baira | hya | Nabuk[u]dracara | agaubată | ăiša | hadă | kără | patiš | m*am* | *hamara*nam |
cartanaiy | pasăva | hamaranam | akumă | Auramazdămaiy | upastăm | a*bara* *vašna*/Aura*m*a
95 zdăha | kăram | tyam | Nadītabairahyă | adam | ajanam | vasiy | aniya | ăpiyă | *ahă*ja*tă* | ă
pišim | parăbara | Anămakahya | măhyă | II | raucabiš | thakată | ăha | a*vatha* hamara*nam*/
akumă.

Col. II.

$ 20 (19). | Thătiy | Dărayavauš | khšăya*thiya* | *pasava* *Nadī*tabaira | ha
că | kamnaibiš | asabăribiš | a*biy* | *Babi*rum | ašiya
va | pasăva | adam | Băbirum | aši*yavam* | *vaš*na | Auramaz*d*ăha | ută | Bă
birum | agarbăyam | ută | avam | Nadītabai*ram* | *agarbaya*m | pasăva | ava
5 m | Nadītabairam | adam | Băbirauv | avăja*nam* **$** 21 (20). | *Thă*ťiy | Dărayavauš | kh
šayathiya | yătă | adam | Băbirauv | ăham | i*ma* | *dahya*va | *ty*ă | hacăma | ha
mitřiyă | abava | Părsa | Uvaja | Măda | Athură | *Mudră*ya | *Partha*va | Marguš | Tha
taguš | Saka **$** 22 (21). | Thătiy | Dărayavauš | khšăya*thiya* | *1 marti*ya | Martiya | nă
ma | Cīcikhrăiš | putřa | Kuganakă | năma | var*danam* | *Parsaiy* | avadă | adăraya
10 | hauv | udapatată | Uvajaiy | kărahyă | avathă | *athaha* | *adam* | Imaniš | amiy | U
vajaiy | khšăyathiya

$ 23. | Thătiy | Dărayavauš | khšăyath*iya* | *ad*akaiy | adam | ašna
iy | ăham | abiy | Uvajam | pasăva | hacăma | *atarsa* | *Uža*ňyă | avam | Marti
yam | agarbăya | hyašăm | mathišta | ăha | *uta*š*im* | *ava*jana

$ 24 (22). | Thătiy | D
ărayavauš | khšăyathiya | I martiya | Frava*rtiš* | *nama* | *Măda* | hauv | udapatat
15 ă | Mădaiy | kărahyă | avathă | athaha | *adam* | *Khšathrita* | amiy | Uvakhštrah
yă | taumăyă | pasăva | kăra | Măda | hya | *v*[*t*]*thapatiy* | *aha* | hacăma | hamitřiya | a
bava | abiy | avam | Fravartim | ašiyava | h*auv* | *khšayathiya* | abava | Mădaiy

$ 25. | Thătiy | Dărayavauš | khšăyathiya | kăra | Părsa | *uta* | *Măda* | hya | upă | măm | ă
ha | hauv | kamnam | ăha | pasăva | adam | kăra*m* | *frašayam*/ Vidarna | năma | Părsa | man
20 ă | bădaka | avamšăm | mathištam | akunavam | a*vathašăm* | athaham | paraită | avam | k
ăram | tyam | Mădam | jată | hya | mană | naiy | *gaubataiy* | *pasava* | hauv | Vidarna | ha
dă | kără | ašiyava | yathă | Mădam | parărasă | Maru*š* *nama* | vardanam | Mă

„Ich bin Nebukadrezar, der Sohn des Nabuna'id". Darauf ging das ganze babylonische Volk zu jenem Nidintu-Bel über, Babel wurde abtrünnig, die Herrschaft in Babel ergriff er.

§ 17 (Z. 32). Es spricht der König Darius: Da sandte ich nach Susa. Jener Atrina wurde gebunden zu mir geführt, ich tötete ihn.

§ 18 (Z. 33). Es spricht der König Darius: Darauf zog ich nach Babel gegen jenen Nidintu-Bel, der sich Nebukadrezar nannte. Das Heer des Nidintu-Bel hielt den Tigris (besetzt), dort war es aufgestellt, und war bei den Schiffen. Darauf teilte ich mein Heer in 2 Teile(?): den einen liess ich auf Kamele setzen, dem anderen fuhrte ich Rosse zu. Auramazda brachte mir Hilfe. Nach dem Willen Auramazdas überschritten wir den Tigris. Darauf schlug ich jenes Heer des Nidintu-Bel gar sehr. Im Monat Atfiyadiya am 26. Tage war es, als wir die Schlacht lieferten.

§ 19 (Z. 36). Es spricht der König Darius: Darauf zog ich nach Babel. Als ich nach Babel noch nicht gekommen war, [da ist] ein Ort, namens Zazannu am Euphrat; dorthin war jener Nidintu-Bel, der sich Nebukadrezar nannte, mit dem Heere mir entgegengezogen, um eine Schlacht zu liefern. Darauf lieferten wir eine Schlacht. Auramazda brachte mir Hilfe. Nach dem Willen Auramazdas schlug ich das Heer des Nidintu-Bel gar sehr. Der Feind ward ins Wasser getrieben, das Wasser riss ihn fort. Im Monat Anamaka, am 2. Tage war es, als wir die Schlacht lieferten.

Col. II.

§ 20 (Z. 38). Es spricht der König Darius: Darauf zog Nidintu-Bel mit wenigen Reitern nach Babel. Darauf zog ich (ebenfalls) nach Babel. Nach dem Willen Auramazdas nahm ich Babel ein und jenen Nidintu-Bel gefangen. Darauf tötete ich jenen Nidintu-Bel in Babel.

§ 21 (Z. 40). Es spricht der König Darius: Während ich in Babel war, fielen folgende Länder von mir ab: Persien, Susiana, Medien, Assyrien, Ägypten, Parthien, Margiana, Sattagydien, Skythien.

§ 22 (Z. 41). Es spricht der König Darius: (Es war) ein Mann, namens Martiya, Sohn des Cincikhris; eine Stadt, namens Kuganaka, in Persien, (giebt es), dort hielt er sich auf; dieser empörte sich in Susiana, zu dem Volke sprach er also: „Ich bin Ummannis, König in Susiana".

§ 23 (Z. 43). Es spricht der König Darius: Damals war ich Susiana befreundet. Da fürchteten sich die Susier vor mir, jenen Martiya, der ihr Oberster war, ergriffen sie und töteten ihn.

§ 24. Es spricht der König Darius: Ein Mann, namens Fravartis, ein Meder, empörte sich in Medien, zum Volke sprach er also: „Ich bin Khsathrita aus dem Geschlechte des Uvakhstra". Da wurde das medische Volk, welches im Palaste war, von mir abtrünnig (und) ging zu jenem Fravartis über; er war König in Medien.

§ 25 (Z. 44). Es spricht der König Darius: Das persische und medische Heer, welches bei mir war, es war klein. Da sandte ich das Heer aus: (Es war) ein Perser, namens Vidarna, mein Diener, den machte ich zu ihrem Obersten, so sprach ich zu ihnen: „Zieht hin! Jenes medische Heer schlagt, welches sich nicht mein nennt!" Da zog dieser Vidarna mit dem Heere hin. Als er nach Medien kam, da (war) eine Stadt, namens Marus,

daiy | avadā | hamaranam | akunauš | *hada* Mādaibī҆, *hya* | Mādaišuvā |
mathišta | āha | hauv | adakaiy | naiy | adᵃraya | Auramazdāmaiy | u
²⁵ pastām | abara | vašnā | Auramazdāha | kāra | hya | *Vidarnᵃhya* avam | kāram | t
yam | hamitŕiyam | aja | vasiy | Anāmakahya | māhya | *XXVI* | raucabiš | thakat
ā | āha | avathāšām | hamaranam | kartam | pasāva / *hauv*, *kara* / hya | manā | Kāpada | nām
ā | dahyāuš | Mādaiy | avadā | mām | *cita* / *amanaya* | *yatu* ᷓ adam | arasam | Mada
m **§ 26** (23). | Thātiy | Dārayavauš | khšāyathiᵥa *pasaᵥa* | *Dadaršī* *nᵃ*ma | Arminiya | man
³⁰ ā | bādaka | avam | adam | frāišayam | Arminam / *avathašaiy* / *athaham* *parᵃ*idiy | ka
ra | hya | hamitŕiya | manā | naiy | gaubataiy | avam ᷓ *jadiy* / *pasᵃᵥa* | Dādarši
š | ašiyava | yathā | Arminam | parārasa | pasāᵥa / *hamitiŕiya* hagamatā | parai
tā | patiš | Dādaršim | hamaranam | cartanaiy ᷓ .... / nāma | āvahanam | A
rmaniyaiy | avadā | hamaranam | akunava | Auramazdāmaiy | upastām | a
³⁵ bara | vašnā | Auramazdāha | kāra | hya | *manᵃ* ᷓ *aᵥam* / *karam* / *tyam* | hamitŕiyam
aja | vasiy | Thuravāharahya | māhyā | VIII | rauᵃᵃbiš ᷓ *thakata* | āha | avath
āšām | hamaranam | kartam **§ 27** ᷓ Thātiᵥ | *Dārayaᵥauš* *khšayathi*ya | patiy | duv
itiyam | hamitŕiyā | hᵃgamatā | paraitā | pati*š* / *Dadaršim* / *hamaranᵃ*am | carta
naiy | Tigra | nāmā | didā | Armaniyaiy | *avada* / *hamaranam* / akunava | A
⁴⁰ uramazdᵃmaiy | upastām | abara | vašnā | *Auramazdaha* ᷓ *kara* hya | manā | a
vam | kāram | tyam ᷓ hamitŕiyam | aja | vasiy ᷓ *Thuraᵥāharahya* / māhyā | XVIII
| raucabiš | thakatᵃ / āha | avathāšām | hamaraᵤᵃam / *kartam* **§ 28.** / *Thᵃtiy* | Dāraya
vauš | khšāyathiya | patiᵥ | tŕitiyam | hamit̄riya / hagᵃmata ᷓ paraita | pat
iš | Dādaršim | hamaranam | cartanaiy | Uḥyāma ᷓ *nama* / *dida* | Armaniyaiy | a
⁴⁵ vadā | hamaranam | akunava | Auramazdāmaiy ᷓ *upastam* / *abara* ᷓ *vašnā* | Aurama
zdāha | kāra | hya | manā | avam | kāram | tyam ᷓ *hamitŕiy*im ᷓ *aja* / *vasiy* | Thāigarca
iš | māhyā | IX | raucabiš ᷓ thakatā / āha / *avathašam* ᷓ *hamaranam* kartam | pasāva |
Dādaršiš | citā | mām | amānaya | a...... *yatᵃ* | adam | arasam | Mᵃ
dam **§ 29** (24). | Thātiy ᷓ Dārayavauš khšāyathiᵥa / *pasava* / *Vaumisa* nᵃma Pārsa manā bā
⁵⁰ daka | avᵃm | adam | frāišayam | Arminam / *avathašaiy* ᷓ *athaham* / paraidiy | kāra |
hya | hamitŕiya | manā | naiy | gaubataiy | *avam* ᷓ *jadiy* ᷓ *pasᵃᵥa* | Vᵃumisa | a
šiyava | yathā ᷓ Arminam | parārasa | pasᵃᵥa / *hamitŕiya* / hagamatā | paraitā | pa
tiš | Vaumisam | hamaranam | cartanaiy | *Izitᵃš* ᷓ *nama* ᷓ *dahyᵃuš* | Athurāy
ā | avadā ᷓ hamaranam | akunava | Auramazdᵃmaiy / *upastam* ᷓ abara | vašnā | Au
⁵⁵ ramazdāha | kāra | hya | manā | avam | *karam* ᷓ *tyam* / *hamit̄r*iyam | aja | vasiy
ᷓ Anāmakahya | māhyā | XV | raucabiš ᷓ *thakata* / *aha* / *avathašā*m | hamaranam ᷓ
kartam **§ 30** ᷓ Thātiy | Dārayavauš | *khšᵃyathiya* ᷓ *patiy* / duvitiyam | ha
mit̄riyā | hagᵃmatā | paraitā | pati*š* / *Vaumisam* / *hamaranam* | cartanaiy | Au
tiyāra | nāmā | dahyᵃuš | Arminᵃiy / *avada* ᷓ *hamaranam* | akunava |
⁶⁰ Auramazdāmaiy | upastām | abara | *vašnᵃ* / *Auramazda*ha | kāra | hya | ma
nā | .. avam | kāram ᷓ tyam | hamitŕiyam / *aja* *vasiy* / *Thuraᵥāharahya* | māh
yā ᷓ iyamanam | patiy / avathāšām | *hamaranam* *kartam* ᷓ pasāva | Vaumisa
citā | mām | amanaya | Arminaiᵥ / *yata* | *ada*m | arasam | Madam
§ 31 (25). | Thātiy | Dārayavauš khšāyathiya ᷓ *pasaᵥa* / *adam* / nijāyam | hacā |
⁶⁵ Bābirauš | ašiyavam | Mādam | yatha | Mādam / pararasam / Kūd[u]ruš | nāma |
vardanam / Madaiy | avadā | hauv | Fravartiš ᷓ *hya* / *Mᵃ*daiy | khšāyathiya | a
gaubatā | *aiša* / *hada* | kārā | patiš | mām | hamaranam / *carta*naiy | pasāva | hamarana
m | akumā / *Auramazdᵃmaiy* | upastām ᷓ *abara* / *vašᵃa* ᷓ *Auramazdāha* | kāram |
tyam | Fravartaiš ᷓ adam ᷓ ajanam | vasiy ᷓ Adukanaiš ᷓ mahyā | XXVI | ra

in Medien, dort lieferte er die Schlacht den Medern. (Der,) welcher unter den Medern der Oberste war, dieser hielt damals nicht (Stand). Auramazda brachte mir Hilfe. Nach dem Willen Auramazdas schlug das Heer des Vidarna jenes aufrührerische Heer gar sehr. Im Monat Anāmaka am 27. Tage war es, als ihnen die Schlacht geliefert wurde. Darauf wartete mein Heer in einer Gegend, namens Kampada, in Medien so lange auf mich, bis ich nach Medien kam.

§ 26 (Z. 48). Es spricht der König Darius: Da (war) ein Armenier, namens Dādarśiś, mein Diener, den sandte ich nach Armenien, so sprach ich zu ihm: „Zieh hin! Jenes Heer, welches abgefallen (ist und) sich nicht mein nennt, sollst du schlagen!" Da zog Dādarśiś fort. Als er nach Armenien kam, da sammelten sich die Empörer und zogen gegen Dādarśiś, um eine Schlacht zu liefern. (Es gibt) einen Ort (Zuzza) genannt, in Armenien, dort lieferten sie die Schlacht. Auramazda brachte mir Hilfe. Nach dem Willen Auramazdas schlug mein Heer jenes aufrührerische Heer gar sehr. Im Monat Thuravāhara am 8. Tage war es, als ihnen die Schlacht geliefert wurde.

§ 27 (Z. 50). Es spricht der König Darius: Zum 2. Male sammelten sich die Empörer und zogen gegen Dādarśiś heran, um eine Schlacht zu liefern. (Es gibt) eine Festung, namens Tigra, in Armenien, dort lieferten sie die Schlacht. Auramazda brachte mir Hilfe. Nach dem Willen Auramazdas schlug mein Heer jenes aufrührerische Heer gar sehr. Im Monat Thuravāhara am 18. Tage war es, als ihnen die Schlacht geliefert wurde.

§ 28 (Z. 51). Es spricht der König Darius: Zum 3. Male sammelten sich die Empörer und zogen gegen Dādarśiś heran, um eine Schlacht zu liefern. (Es gibt) eine Festung, namens Uhyāma, in Armenien, dort lieferten sie die Schlacht. Auramazda brachte mir Hilfe. Nach dem Willen Auramazdas schlug mein Heer jenes aufrührerische Heer gar sehr. Im Monat Thāigarciś am 9. Tage war es, als ihnen die Schlacht geliefert wurde. Darauf wartete Dādarśiś so lange un[thätig?] auf mich, bis ich nach Medien kam.

§ 29 (Z. 53). Es spricht der König Darius: Da (war) ein Perser, namens Vaumisa, mein Diener, den sandte ich nach Armenien, so sprach ich zu ihm: „Zieh hin! Das Heer, welches abgefallen (ist und) sich nicht mein nennt, sollst du schlagen!" Darauf zog Vaumisa fort. Als er nach Armenien kam, da sammelten sich die Empörer und zogen gegen Vau- misa heran, um eine Schlacht zu liefern. (Es gibt) eine Gegend, namens Izituś, in Assyrien, dort lieferten sie die Schlacht. Auramazda brachte mir Hilfe. Nach dem Willen Aura- mazdas schlug mein Heer jenes aufrührerische Heer gar sehr. Im Monat Anāmaka am 15. Tage war es, als ihnen die Schlacht geliefert wurde.

§ 30 (Z. 55). Es spricht der König Darius: Zum 2. Male sammelten sich die Empörer und zogen gegen Vaumisa, um eine Schlacht zu liefern. (Es gibt) eine Gegend, Autiyāra genannt, in Armenien, dort lieferten sie die Schlacht. Auramazda brachte mir Hilfe. Nach dem Willen Auramazdas schlug mein Heer jenes aufrührerische Heer gar sehr. Im Monat Thuravāhara, am Ende war es, als ihnen die Schlacht geliefert wurde. Darauf wartete Vaumisa in Armenien so lange auf mich, bis ich nach Medien kam.

§ 31 (Z. 57). Es spricht der König Darius: Darauf zog ich von Babel weg und nach Medien. Als ich nach Medien kam, (da war) eine Stadt, namens Kunduruś, in Medien, dorthin zog jener Fravartiś, der sich König in Medien nannte, mir entgegen, um eine Schlacht zu liefern. Darauf lieferten wir die Schlacht. Auramazda brachte mir Hilfe. Nach dem Willen Auramazdas schlug ich das Heer des Fravartiś gar sehr. Im Monat Adukani am 26. Tage war es, als wir die Schlacht lieferten.

3*

70 ucabiš | thakatā | *aha* avathā | hamaranam | ak*nua* **§ 32**. *Thatiy* | Darayavauš | kh
šāyathiya | pasāva | *hana* | Fravartiš | hada | ka*unaibiš* ; *asabaribiš* | amutha | Ra
gā | nāma | dahyauš | *Madaiy* | avad*a* , *ašiyava* ' *pasava* | adam | karam | f
rā*šayam* ' tyaipatiy | Fravartiš | agarbāyata ; *uta* | a*mayata* | abiy | 'mām | ada
m*šaiy* | *uta* | uaham | uta | gaušā | *uta* / *hizuvam* | frājanam | utaša
75 iy ; *cakhšma* ' avajam ; duvarayamaiy . basta | ad*ariy* | haruvašim | k
ara | avaina / pasava | adam | Haguiatanaiy | uzmayapatiy | akunavam
ut*a* / *martiya* | tyaišaiy | fratam*a* ; *uuušiya* | āhātā | a*uiy* | Ha
guiata*naiy* ; *ātar* | didam | frahājam **§ 33** (26). ' *Thatiy* | Darayavauš | khš
āyathiya | *I martiya* | Citrātakhma | nama | .*Asagartiya* ' *hauvmaiy* | hamitriya |
80 abava | kārahya / *avatha* | athaha | adam | *khšayathiya* | amiy | .*Asagarta*
iy | Uvakh*štrahya* | taumayā | pasāva · adam | kāram | *Parsam* | ut
a | Madam | *fraišayam* | *Takhmaspada* | nāma | Mada | maua | bā*daka* ; *avam*
šam | math*ištam* | akunavam | *avathašam* | athaham | paraita | k
āram | tya*m* ; *hamitriyam* | hya | mana | *uaiy* | gaubataiy | avam | jatā | pas
85 ava | *Takhmaspada* | hada | kara / *ašiyava* | hamaranam | akunauš | had
ā | Citrā*takhmā* | Auramaz*damaiy* ' upastām | abara | vašnā | Auramazd
āha | kā*ra* | hya | manā | avam | kāra*m* *tyam* | hamitriyam | aja | utā | C
itrātakhmam | agarbaya | anaya | abiy | mam | *pasāvašaiy* | adam | uta | n
aham | utā | gaušā | frājanam | utašaiy *cakhšma* | avajam | duvarayā
90 maiy | basta | adāriy | haruvašim | kara | avai*na* / *pasavašim* | Arbairāyā |
uzmayapatiy | akunavam **§ 34** (27). | Thātiy | Dā*rayavauš* | khšayathiya | ima | tya | ma
nā | kartam | Mādaiy
　　　§ 35 (28). | Thātiy | Darayavauš | kh*šayathiy*a | Parthava | utā | Var
kāna / *hamitriya* ; *abava* ; *uta* ' Fravartaiš / agaubatā | V*[i]štaspa* | mana | pitā | ha
uv ; *Parthavaiy* | *aha* | kāra*šim* , avarada / . . . . | pasāva | V[i]štaspa | had
95 *a* / *kara* | *hya* ' anušiya ' *paraiya* | Vispauzatiš | nāma | varda
nam / *Parthavaiy* , avadā | hamaranam | akunava *.Auramazdamaiy* | *upastam* , abara
; *vašna* Auramazdaha · I'*[i]štaspa* | *karam tyam* ! *hamitriyam* | aja / *vasiy* ; *I*'
iyakhnahya · mahya ; *XXII* / *raucabiš* | *thakata* | *aha* !'avathašam | hamaranam | kartam.

Col. III.

§ 36 (29). | Thātiy | Darayavauš | khšāyathiya | pasāva | adam | kāra
m | Parsam | frāišayam ; abiy | V*[i]štāspam* | hacā | *Ragā*
yā | yathā | hauv | kāra | parārasa | abiy | V*[i]štaspam*
; pasāva | V*[i]štāspa* | ayastā | avam | kāram | ašiyava | Patigraba
5 nā | nāma | vardanam | Parthavaiy | avadā | hamaranam | akunauš | hadā | hamitriyaib
iš | Auramazdāmaiy | upastām | abara | vašnā | Auramaz
dāha | V[i]štāspa | avam | kāram | tyam | hamitriyam | aja | vasiy | Ga
rmapadahya | māhyā | I | rauca | thakatā | āha | avathašām | hamaranam |
kartam **§ 37** (30). | Thātiy | Darayavauš | khšāyathiya | pasāva | dahyauš |
10 manā | abava | ima | tya | manā | kartam | Parthavaiy
　　　§ 38 (31). | Thātiy | Darayavau
š | khšāyathiya | Marguš | nāmā | dahyāuš | hauvmaiy | hašitiyā | abava
; I martiya | Frada ; nāma | Margava | avam | mathištam | akunavata | pasa
va | adam | fraišayam | Dadaršiš | nāma | Pārsa | manā | bādaka | Bakhtriy

§ 32 (Z. 59). Es spricht der König Darius: Darauf zog jener Fravartiš mit wenigen Reitern von dort nach einer Gegend in Medien, namens Raga. Da sandte ich das Heer gegen sie. Fravartiš wurde ergriffen und zu mir geführt. Ich schnitt ihm Nase, Ohren und Zunge ab und stach ihm die Augen aus. An meinem Hofe wurde er gefesselt gehalten, alles Volk sah ihn. Darauf liess ich ihn in Ekbatana pfählen, und die Männer, die seine vorzüglichsten Anhänger gewesen waren, liess ich in Ekbatana in der Feste aufspiessen.

§ 33 (Z. 61). Es spricht der König Darius: Ein Mann, namens Citfantakhma, ein Sagartier, wurde von mir abtrünnig, zum Volke sprach er also: „Ich bin König in Sagartien, aus dem Geschlechte des Uvakhštra". Darauf sandte ich ein persisches und medisches Heer ab. Einen Meder, namens Takhmaspāda, meinen Diener, den machte ich zu ihrem Obersten, also sprach ich zu ihnen: „Zieht hin! Das Heer, welches abgefallen (ist und) sich nicht mein nennt, das sollt ihr schlagen." Darauf zog Takhmaspāda mit dem Heere fort, eine Schlacht lieferte er gegen Citfantakhma. Auramazda brachte mir Hilfe. Nach dem Willen Auramazdas schlug mein Heer jenes aufrührerische Heer gar sehr, und den Citfantakhma ergriffen sie und führten ihn zu mir. Darauf schnitt ich ihm Nase und Ohren ab und stach ihm die Augen aus. An meinem Hofe wurde er gefesselt gehalten, alles Volk sah ihn. Darauf liess ich ihn in Arbela pfählen.

§ 34 (Z. 64). Es spricht der König Darius: Dies (ist's), was in Medien von mir gethan wurde.

§ 35. Es spricht der König Darius: Parthien und Hyrkanien fielen ab und nannten sich (Anhänger) des Fravartiš. Mein Vater Hystaspes war in Parthien, ihn verliess das Volk [scharenweise?]. Da zog Hystaspes mit dem Heere, das treu (geblieben war), fort. (Es gibt) einen Ort, namens Vispauzatiš, in Parthien, dort lieferten sie die Schlacht. Auramazda brachte mir Hilfe. Nach dem Willen Auramazdas schlug Hystaspes das aufrührerische Heer gar sehr. Im Monat Viyakhna am 22. Tage war es, als ihnen die Schlacht geliefert wurde.

Col. III.

§ 36 (Z. 66). Es spricht der König Darius: Darauf sandte ich ein persisches Heer zu Hystaspes von Raga aus. Als dieses Heer zu Hystaspes kam, da nahm Hystaspes dieses Heer (und) zog fort. (Es gibt) einen Ort, namens Patigrabana, in Parthien, dort lieferte er eine Schlacht gegen die Empörer. Auramazda brachte mir Hilfe. Nach dem Willen Auramazdas schlug Hystaspes jenes aufruhrerische Heer gar sehr. Im Monat Garmapada am 1. Tage war es, als ihnen die Schlacht geliefert wurde.

§ 37 (Z. 68). Es spricht der König Darius: Darauf war das Land mein; dies (ist's), was in Parthien von mir gethan wurde.

§ 38. Es spricht der König Darius: Ein Land, namens Margiana, wurde mir abtrünnig. Einen Mann, namens Frāda, einen Margier, den machten sie zu ihrem Obersten. Darauf sandte ich einen Perser, namens Dādaršiš, meinen Diener, Statthalter in Baktrien, gegen jenen aus, also sprach ich zu ihm: „Zieh hin! Jenes Heer sollst du schlagen, welches

â | khšatŕapàvà | abiy | avam | avathâšaiy | athaham | paraidiy | ava
15 m | karam | jadiy | hya | manà | naiy | gaubataiy | pasàva | Dadaršiš | hada | k
àrâ | ašiyava | hamaranam | akunauš | hadà | Margyaibiš | Auramazd
àmaiy | upastâm | abara | vašnà | Auramazdàha | kara | hya | mana | avam | karam
| tyam | hamitŕiyam | aja | vasiy | Atŕiyàdiyahyà | màhyà | XXIII | raucabi
š | thakata | àha | avathàšàm | hamaranam | kartam § 39 (32). | Thatiy | Dàrayavau
20 š | khšàyathiya | pasàva | dahyauš | manà | abava | ima | tya | ma
na | kartam | Bakhtŕiyà § 40 (33). | Thàtiy | Dàrayavauš | khšàya
thiya | I martiya | Vahyazdata | nàma | Tàravà | nama | vardanam
Yautiya | nàma | dahyàuš | Parsaiy | avadà | adaraya | ha
uv | duvitiyam , udapatatà | Parsaiy | kàrahyà | avathà
25 athaha | adam | Bardiya | amiy | hya | Kurauš | putŕa | pasàva |
kara | Parsa | hya | viŋthàpatiy | haca | yadàya | fratarta | ha
uv | hacàma | hamitŕiya | abava | abiy | avam | Vahyazdata
m | ašiyava | hauv | khšàyathiya | abava | Pàrsaiy § 41 (34). | Tha
tiy | Dàrayavauš | khšàyathiya | pasàva | adam | kàram | Pàrsa
30 m | utà | Màdam | fràišayam | hya | upà | màm | àha | Artavard
iya | nàma | Pàrsa | mana | bàdaka | avamšàm | mathištam | aku
navam | hya | aniya | kàra | Pàrsa | pasà | mana | ašiyava | Mà
dam | pasàva | Artavardiya | hadà | kàrà | ašiyava | Pàrsam |
yathà | Pàrsam | paràrasa | Rakhà | nàma | vardanam | Parsaiy | a
35 vadà | hauv | Vahyazdàta | hya | Bardiya | agaubata | àiša |
hadà | kàrà | patiš | Artavardiyam | hamaranam | cartanaiy | pas
àva | hamaranam | akunava | Auramazdamaiy | upastàm | abara | va
šnà | Auramazdàha | kàra | hya | manà | avam | kàram | tyam | Vahya
zdàtahya | aja | vasiy | Thuravàharahya | màhyà | XII | raucabiš | thakata |
40 àha | avathàšàm | hamaranam | kartam § 42. | Thàtiy | Dàrayavauš | khšàyathi
ya | pasàva | hauv | Vahyazdàta | hadà | kamnaibiš | asabàribiš | a
mutha | ašiyava | Paišiyàuvàdàm | hacà | avadaša | kàram | àyas
ta | hyàparam | àiša | patiš | Artavardiyam | hamaranam | cartana
iy | Paraga | nàma | kaufa | avadà | hamaranam | akunava | Auramazdàma
45 iy | upastàm | abara | vašnà | Auramazdàha | kàra | hya | manà | ava
m | kàram | tyam | Vahyazdàtahya | aja | vasiy | Garmapadahya | mah
yà | VI | raucabiš | thakatà | àha | avathàšàm | hamaranam | kartam | utà | ava
m | Vahyazdàtam | agarbàya | utà | martiyà | tyaišaiy | fratam
à | anušiyà | àhàta | agarbaya | § 43 (35). | Thàtiy | Dàrayavauš | khšà
50 yathiya | pasàva | adam | avam | Vahyazdàtam | utà | martiyà |
tyaišaiy | fratamà | anušiyà | àhàta | Uvàdaicaya | nama | var
danam | Parsaiy | avadašiš | uzmayàpatiy | akunavam § 44 (37). | Tha
tiy | Dàrayavauš | khšàyathiya | hauv | Vahyazdata | hya | Bardiya
agaubatà | hauv | kàram | fràišaya | Harauvatim | Vivàna |
55 nàma | Pàrsa | manà | bàdaka | Harauvatiyà | khšatŕapàvà | abiy | ava
m | utàšàm | I martiyam | mathištam | akunauš | avathàšàm | a
thaha | paraità | Vivànam | jatà | utà | avam | kàram | hya | Dàraya
vahauš | khšayathiyahyà | gaubataiy | pasàva | hauv | kàra | ašiya
va | tyam | Vahyazdàta | fràišaya | abiy | Vivànam | hamaranam | cartanaiy | K
60 àpišakàniš | namà | didà | avadà | hamaranam | akunava | Auramazdàmai

sich nicht mein nennt!" Darauf zog Dardarśiś mit dem Heere fort, eine Schlacht lieferte er
gegen die Margier. Auramazda brachte mir Hilfe. Nach dem Willen Auramazdas schlug
mein Heer jenes aufrührerische Heer gar sehr. Im Monat Ātŕiyādiya am 23. Tage war es,
als ihnen die Schlacht geliefert wurde.

§ 39 (Z. 70). Es spricht der König Darius: Darauf war das Land mein. Dies (ist's), was
in Baktrien von mir gethan wurde.

§ 40 (Z. 71). Es spricht der König Darius: (Es war) ein Mann, namens Vahyazdāta;
(es gibt) einen Ort, namens Tāravā, in einer Gegend, namens Yautiyā in Persien, dort hielt
er sich auf. Dieser lehnte sich als zweiter in Persien auf, also sprach er zu den Leuten:
„Ich bin Bardiya, der Sohn des Kyros". Darauf liess das persische Volk, das im Palaste
war, die Ehrfurcht(?). Es wurde von mir abtrünnig (und) ging zu jenem Vahyazdāta über.
Er war König in Persien.

§ 41 (Z. 72). Es spricht der König Darius: Darauf schickte ich das persische und
medische Heer aus, das bei mir war. Einen Perser, namens Artavardiya, meinen Diener,
den machte ich zu ihrem Obersten. Das übrige persische Heer zog mir nach nach Medien.
Darauf zog Artavardiya mit dem Heere nach Persien. Als er nach Persien kam, (da ist)
eine Stadt, namens Rakhā in Persien, dahin war jener Vahyazdātā, der sich Bardiya nannte,
mit dem Heere gegen Artavardiya gezogen, um eine Schlacht zu liefern. Darauf lieferten sie
die Schlacht. Auramazda brachte mir Beistand. Nach dem Willen Auramazdas schlug
mein Heer jenes Heer des Vahyazdāta gar sehr. Im Monat Thuravāhara am 12. Tage war
es, als ihnen die Schlacht geliefert wurde.

§ 42 (Z. 75). Es spricht der König Darius: Darauf zog jener Vahyazdāta mit wenigen
Reitern von dort nach Paiśiyāuvāda, von da zog er mit einem Heere (noch) ein anderes
Mal gegen Artavardiya, um eine Schlacht zu liefern. (Es gibt) einen Berg, Paraga mit
Namen, dort lieferten sie die Schlacht. Auramazda brachte mir Hilfe. Nach dem Willen
Auramazdas schlug mein Heer jenes Heer des Vahyazdāta gar sehr. Im Monat Garmapada
am 6. Tage war es, als ihnen die Schlacht geliefert wurde. Und sie ergriffen jenen
Vahyazdāta, und die Männer, die seine vornehmsten Anhänger waren, ergriffen sie
(auch).

§ 43 (Z. 77). Es spricht der König Darius: Darauf liess ich jenen Vahyazdāta und
die Männer, die seine vornehmsten Anhänger waren, in einer Stadt, Uvādaicaya mit Namen,
in Persien, pfählen.

§ 44 (Z. 78). Es spricht der König Darius: Jener Vahyazdātā, der sich Bardiya
nannte, schickte Leute nach Arachosien gegen einen Perser, namens Vivāna, meinen Diener,
Statthalter in Arachosien. Er machte einen Menschen zu ihrem Obersten, also sprach er
zu ihnen: „Ziehet hin, schlaget den Vivāna und das Heer, welches sich (das) des Königs
Darius nennt!" Da zog jenes Heer, welches Vahyazdātā geschickt hatte, gegen Vivāna, um
eine Schlacht zu liefern. (Es gibt) eine Feste, Kāpišakāniś mit Namen, dort lieferten sie
die Schlacht. Auramazda brachte mir Hilfe. Nach dem Willen Auramazdas schlug mein
Heer jenes aufrührerische Heer gar sehr. Im Monat Anāmaka am 13. Tage war es, als
ihnen die Schlacht geliefert wurde.

y | upastâm | abara | vašnā | Auramazdāha ¦ kāra | hya | manā | avam | kāram | tya
m | hamitřiyam | aja | vasiy ¦ Anāmakahya | māhyā | XIII | raucabiš | thakatạ | āha | a
vathāsām | hamaranam | kartam **§ 45.** | Thātiy | Dārayavauš | khšāyathiya | patiy | h
yāparam ¦ hamitřiyā | hāgmatā | paraitā | patiš ¦ Vivānam | hamaranam | cartana
⁶⁵ iy | Gādutava | nāmā | dahyāuš | avadā | hamaranam | akunava | Auramazdāma
iy | upastām | abara | vašnā | Auramazdāha | kāra | hya | manā | avam | kāram | t
yam | hamitřiyam | aja | vasiy | Viyaḵẖnahya | māhyā | VII | raucabiš | thakatā |
āha | avathāsām | hamaranam | kartam **§ 46.** | Thātiy | Dārayavauš | khšāyathiya |
pasava | hauv | martiya | hya | avahyā | kārahyā | mathišta ¹ aha | tyam | Va
⁷⁰ hyazdāta | frāišaya | abiy ¹ Vivānam | hauv | mathišta ¹ hadā | kamnaib
iš | asabāribiš | ašiyava | Aršādā | nāmā | didā | Harauvatiyā | a
vaparā | atiyāiša | pasava | Vivāna | hadā | kārā | nipadiy | tyaiy | ašiya
va | avadāšim | agarbaya | utā | martiyā | tyaišaiy | fratamā | anušiyā
āhātā | avāja **§ 47** (38). | Thātiy | Dārayavauš | khšāyathiya | pasava | dahyāuš | ma
⁷⁵ nā | abava | ima | tya | manā | kartam | Harauvatiyā

                                                                        § 48 (39). | Thātiy | Darayavauš | khšā
yathiya | yātā | adam | Pārsaiy uta | Mādaiy | āham | patiy | duvitiyam
Bābiruviyā | hamitřiyā | abava | hacāma | I martiya | Arakha | nāma | Armini
ya | Halditahya | putřa | hauv | udapatatā | Bābirauv | Dubāla | nāmā | dahyā
uš | hacā | avadaša | hauv | udapatatā | avathā | adurujiya | adam | Nabukudra
⁸⁰ cara | amiy | hya | Nabunaitahyā | putřa | pasava | kāra | Bābiruviya | hacāma ¦ ha
mitřiya | abava | abiy | avam | Arakham | ašiyava | Bābirum | hauv | agarbāyat
ā | hauv | khšāyathiya | abava | Bābirauv **§ 49.** | Thātiy | Dārayavauš | khšāyathi
ya | pasava | adam | kāram | frāišayam | Bābirum | Vidafrā | nāma | Māda | manā |
bādaka | avam | mathištam | akunavam | avathāsām | athaham | paraitā | avam | kāram |
⁸⁵ tyam | Bābirauv | jata | hya | manā | naiy | gaubataiy | pasava | Vidafrā | hadā | kār
ā | ašiyava | abiy | Bābirum | Auramazdāmaiy | upastām | abara | vašnā | Auramaz
dāha | Vidafrā | Bābirum | agarbāya | uta | karam ¦ anaya | ..r.... nahya | māhyā | XXII | ra
ucabiš | thakatā | āha | avathā | avam | Arakham | hya | Nabukudracara aganbata ¹ agar
baya uta ¦ martiya tyaišaiy ¦ fratamā ¦ anušiya ¦ ahāta ¦ agarbayātā
⁹⁰ uta ¦ basta ¦ pasava ¹ avatha ¦ uiyastayam ¦ hanv ¦ Arakha uta ¦ martiya ¦ tyaišaiy ¦
fratamā ¦ anušiya ¦ ahāta ¦ Babirauv | uzmayāpatiy | ākariyātām.

Col. IV.

§ 50 (40). | Thātiy | Dārayavauš | khšāyathiya | ima | t
ya | manā | kartam | Babirauv

                                § 51 (41). | Thātiy | D
ārayavauš | khšāyathiya | ima | tya | adam | akuna
vam | vašnā | Auramazdāha ¦ aha | hamahyāyā | thar
⁵ da | pasava ¦ yathā ¦ khšāyathiya ¦ abavam | adam | XIX | hamaran
ā | akunavam | vašnā ¦ Auramazdāha | adamšām | a
janam | utā | IX | khšāyathiya | agarbāyam | I Gaumāta
nāma ¦ maguš | āha | hanv adnrujiya | avathā | athaha | adam
| Bardiya | amiy | hya Kuranš | putřa | hauv | Pārsam | ha
¹⁰ mitřiyam | akunaṃ ¹ I Aθřina | nāma | Uvajiya | hauv | udu
rujiya | avatha | athaha | adam | khšāyathiya | amiy ¦ Uvajaiy

§ 45 (Z. 81). Es spricht der König Darius: Zum anderen Male sammelten sich die Aufrührer und zogen aus gegen Vivâna, um eine Schlacht zu liefern. (Es gibt) eine Gegend, Gandutava mit Namen, dort lieferten sie die Schlacht. Auramazda brachte mir Hilfe. Nach dem Willen Auramazdas schlug mein Heer jenes aufrührerische Heer gar sehr. Im Monat Viyakhna am 7. Tage war es, als ihnen die Schlacht geliefert wurde.

§ 46 (Z. 82). Es spricht der König Darius: Der Mann, welcher der Oberste jenes Heeres war, das Vahyazdâta gegen den Vivâna geschickt hatte, dieser Oberste zog darauf mit wenigen Reitern fort. (Es gibt) eine Feste, Arśadâ mit Namen in Arachosien, dort zog er vorüber. Darauf folgte ihnen Vivâna mit dem Heere auf dem Fusse nach, dort ergriff er ihn, und die Männer, die seine vorzüglichsten Anhänger gewesen waren, tötete er.

§ 47 (Z. 84). Es spricht der König Darius: Darauf war die Provinz mein. Dies (ist's), was in Arachosien von mir gethan wurde.

§ 48. Es spricht der König Darius: Während ich in Persien und Medien war, fielen zum 2. Male die Babylonier von mir ab. Ein Mann, namens Arakha, ein Armenier, des Haldita Sohn, der empörte sich in Babel. (Es gibt) eine Gegend, namens Dubâla, von da aus empörte er sich, also sprach er: ‚Ich bin Nebukadrezar, Sohn des Nabuna'id". Darauf fiel das babylonische Volk von mir ab (und) ging zu jenem Arakha über. Babel nahm er ein, er war König in Babel.

§ 49 (Z. 86). Es spricht der König Darius: Darauf sandte ich ein Heer nach Babel. Einen Meder, namens Vindafrâ, meinen Diener, den machte ich zu ihrem Obersten, also sprach ich zu ihnen: „Zieht hin! Jenes Heer in Babel, welches sich nicht mein nennt, sollt ihr schlagen!" Da zog Vindafrâ mit dem Heere nach Babel. Auramazda brachte mir Hilfe. Nach dem Willen Auramazdas nahm Vindafrâ Babel ein und brachte das Volk (zu mir). Im Monat [Markazanaś] am 22. Tage war es, als sie jenen Arakha, der sich Nebukadrezar nannte, ergriffen. Und die Männer, die seine vorzüglichsten Anhänger waren, wurden (ebenfalls) ergriffen und gefesselt. Darauf erliess ich solchen Befehl: „Jener Arakha und die Männer, die seine vorzüglichsten Anhänger waren, sollen in Babel gepfahlt werden!"

Col. IV.

§ 50 (Z. 89). Es spricht der König Darius: Dies (ist's), was von mir in Babel gethan wurde.

§ 51. Es spricht der König Darius: Das, was ich that, nach dem Willen Auramazdas geschah es allerwegen. Darauf, nachdem ich König geworden war, lieferte ich 19 Schlachten, nach dem Willen Auramazdas schlug ich sie, und 9 Könige nahm ich gefangen: Einer war ein Mager, namens Gaumâta, dieser log, also sprach er: „Ich bin Bardiya, des Kyros Sohn"; er machte Persien abtrünnig. Einer, namens Âtrina, ein Susier, dieser log, also sprach er: „Ich bin König in Susa"; dieser machte Susa von mir abtrünnig. Einer, namens Nidintu-Bel, ein Babylonier, dieser log, also sprach er: „Ich bin Nebukadrezar, Sohn des Nabuna'id"; dieser machte Babel abtrünnig. Einer, namens Martiya, ein Perser, dieser log, also sprach er: „Ich bin Ummanniś, König in Susa"; dieser machte Susa abtrünnig. Einer, namens Fravartiś, ein Meder, dieser log, also

| hauv | Uvajam | ham*itr̄iyam* ǀ *aku*nauš | manā | I Nad̑tabaira | nä
ma | Bābiruviya | *hau*v ǀ *adu*rujiya | avathā | athaha |
adam | Nabukudra*cara* ǀ *amiy* ǀ hya | Nabunaitahya | putr̄a |
15 hauv | Bābiru*m*, ham*itr̄iy*am | akunauš | I Martiya | nä
ma ǀ Pārsa | hauv ǀ *adu*ruj̄iya | avathā | athaha | adam | Imani
š | amiy | Uvajai*y* ǀ *khša*yath̄iya | hauv | Uvajam | hamitr̄iya
m | akunauš | I Fra*varti*š ǀ näma | Māda | hauv | adurujiya
| avathā | athaha | a*dam* ǀ *Khša*thr̄ita | amiy | Uvakhštrahya | taumäy
20 ā | hauv | Mādam ǀ *ham*itr̄iya*m* ǀ akunauš | I Citr̄ātakhma | näma | Asa
gartiya | hauv ǀ *adu*rujiya | avathā | athaha | adam | khšāyath
iya | amiy | Asaga*rtaiy* ǀ *Uv*akhštrahya | taumäyä | hauv |
Asagartam ǀ ha*mitr̄iyam* | akunauš | I Frāda | näma |
Märgava | hau*v* ǀ *adu*rujiya | avathā | athaha | adam |
25 khšāyathiya | a*miy* ǀ *Märga*uv | hauv | Margum | hamitr̄i
yam | akunauš ǀ *I* l'ah*ya*zdāta ǀ näma | Pärsa | hauv | a
durujiya | *avatha* ǀ *athaha* | adam | Bardiya | amiy | hya | Ku
rauš ǀ putr̄a | hau*v* ǀ *Parsa*m | hamitr̄iyam | akunauš ǀ I Ara
kha | näma | Armini*ya*   *hau*v ǀ *adu*rujiya | avathā | athaha | adam | Nabu
30 kudracara | amiy, *hya* ǀ *Nabun*aitahya | putr̄a | hauv | Bäbirum | ham
itr̄iyam | akunaus̄ **§ 52** (42). ǀ *Thati*y | Dārayavauš | khšāyathiya ǀ imaiy ǀ
IX | khšāyathiy*a* ǀ *adam* ǀ *a*g*ar*bäyam ǀ ātar | imä | hamaranä
§ 53 (43). ǀ Thätiy | Dārayava*uš* ǀ *khša*y*a*thiya | dahyäva | imä | tyä | hamitr̄iy
ä | abava | draugad*iš* ǀ *hamitr̄iya*   akunauš | tya | imaiy | käram | adur
35 ujiya*sa* | pasäva | di*š* ǀ *Auramazda* | manä | dastayä | akunauš | yathä | mäm | k
äma | avathā | diš ǀ *akunavam* **§ 54** (44). ǀ Thatiy | Dārayavauš | khšāyathi
ya | tuvam | kä | khš*a*y*a*thiy*a* ǀ hya | aparam | ahy ǀ hacä | drauga ǀ daršam |
patipayauvä | mart*iya* ǀ *hya* ǀ draujana | ahatiy | avam | ufrastam | parsä | ya
diy | avathā | man*iy*a*hy* | dahyäušmaiy | duruva | ahati
40 y **§ 55** (45). ǀ Thätiy ǀ *Dārayavauš* ǀ khšäyathiya | ima | tya | adam | akunavam
| vašnä | Auramaz*daha*, *ham*ahyäyä | tharda | akunavam | tuvam | kä ǀ hya
' aparam | imäm | d*ipim* ǀ *pat̄i*parsähy | tya | manä | kartam | varnavatäm
| thuväm | mät*ya* ǀ *durukhtam* ǀ *man*iyähy **§ 56** (46). ǀ Thätiy | Dārayavauš | khšä
yathiya | Auramaz*diya* ǀ taiyiya (?) | yathä | ima | hašiyam | naiy | duru
45 khtam | adam | akunava*m* ǀ *ham*ahyäyä | tharda **§ 57** (47). ǀ Thätiy | Dārayavauš | khšäya
thiya | vašnä | Auramaz*daha* ǀ *ap̄i*maiy | aniyašciy | vasiy | astiy | karta
m | ava | ahyäy*a* ǀ *dip̄iya* ǀ naiy | nipištam | avahyarädiy | naiy | n
ipištam | mat*ya*   *hya* ǀ *aparam* | imäm | dipim | patiparsätiy | avah
yä | paruv | thada*ratiy* ǀ *tya* ǀ manä | kartam | naišim | varnavätaiy | d
50 urukhtam | maniy*atiy* **§ 58** (48). ǀ Thätiy | Dārayavauš | khšāyathiya | ty*a*iy ǀ
paruvä | khšäyath*iya*, *yat*ä ǀ *äha* | avaišäm | naiy | astiy | kar
tam | yathä | manä | va*šna* ǀ *Aura*mazdäha | hamahyäyä | tharda | kartam **§ 59** (49). ǀ Th
ätiy | Därayavau*š* *khša*y*a*thiya ǀ . . . . . . nuram | thuväm | varnavatäm ǀ tya | man
ä | kartam | avathā | a*vah*yarädi*y* | mä | apagaudaya | yadiy ǀ imäm
55 hädugäm | naiy | apagaudayähy | kärahyä | thähy | Auramazdä ǀ thuväm
| daušt*a* | biy*ä* | u*lataiy* ǀ *tauma* | vasiy | biyä | utä | dargam | jivä
§ 60. ǀ Thätiy | Dära*yavauš*   *khša*y*a*thiya | yadiy ǀ imäm | hädugäm | apagaudayä
hy ǀ naiy | thähy, *kar*ahya *Aura*maz*d*ätay ǀ jata | biyä | utataiy | taum

sprach er: „Ich bin Khśathrita, aus dem Geschlechte des Uvakhśtra"; dieser machte Medien abtrünnig. Einer, namens Citfatakhma, ein Sagartier, dieser log, also sprach er: „Ich bin König in Sagartien, aus dem Geschlechte des Uvakhśtra"; dieser machte Sagartien abtrünnig. Einer, namens Fräda, ein Margier, dieser log, also sprach er: „Ich bin König in Margiana"; dieser machte Margiana abtrünnig. Einer, namens Vahyazdäta, ein Perser, dieser log, also sprach er: „Ich bin Bardiya, des Kyros Sohn"; dieser machte Persien abtrünnig. Einer, namens Arakha, ein Armenier, dieser log, also sprach er: „Ich bin Nebukadrezar, Sohn des Nabuna'id"; dieser machte Babel abtrünnig.

§ 52 (Z. 95). Es spricht der König Darius: Diese 9 Könige ergriff ich in diesen Schlachten. .

§ 53 (Z. 96). Es spricht der König Darius: Diese Länder, welche abtrünnig wurden, die Lüge machte sie abtrünnig, als jene das Volk belogen. Darauf gab sie Auramazda in meine Hände; wie es mein Wunsch (war), so that ich ihnen.

§ 54 (Z. 97). Es spricht der König Darius: Du, der du später König sein wirst, vor der Lüge hüte dich sehr! Einen Mann, der ein Lügner ist, den strafe streng, wenn du so denkst: „Mein Land soll unversehrt sein!"

§ 55 (Z. 98). Es spricht der König Darius: Dies, was ich that, nach dem Willen Auramazdas that ich es allerwegen. Du, der du später diese Inschrift lesen wirst: was von mir gethan worden ist, erscheine dir glaubwürdig, strafe es nicht Lügen!

§ 56 (Z. 99). Es spricht der König Darius: Als Auramazda-Verehrer [schwöre ich?], dass dies wahr, nicht erlogen (ist, was) ich gethan habe allerwegen.

§ 57. Es spricht der König Darius: Nach dem Willen Auramazdas ist auch vieles andere von mir gethan worden, was in dieser Inschrift nicht beschrieben ist. Deswegen ist es nicht beschrieben, damit niemand, der diese Inschrift später lesen wird, für zu viel halte, was von mir gethan worden ist, (und es) nicht glaube, (sondern) für erlogen halte.

§ 58 (Z. 100). Es spricht der König Darius: Die früheren Könige, solange sie waren, von ihnen ist nicht gethan worden, wie von mir nach dem Willen Auramazdas in jeder Weise

§ 59 (Z. 101). Es spricht der König Darius: . . . . erscheine es dir demgemäss glaubhaft, was von mir gethan worden ist. Deswegen verbirg es nicht! Wenn du diese Tafel nicht verbirgst, (sondern) dem Volke mitteilst, sei Auramazda dein Freund, und dein Geschlecht sei zahlreich, und lang dein Leben!

§ 60. Es spricht der König Darius: Wenn du diese Tafel verbirgst, dem Volke nicht mitteilst, möge Auramazda dich töten, und dein Geschlecht zu Nichte werden!

4 *

ā | ma | biyā **§ 61** (50). | *Thatiy Darayavauš* | khšayathiya | ima | tya | adam | akunavam
60 hamahyāyā | thar*da | vašna Anra*mazdaha | akunavam | Auramazdámaiy | upas
tām | abara | utā aniya | bagāha | tyaiy | hātiy

§ 62 (51). | Thātiy | Dārayavau
ā | khšayathiya *| avahyaradiy |* Auramazda *! upastam | abara* | utā | ani
yā | bagāha | tya*iy ! hātiy yathā* | naiy | arika | āham | naiy | draujana | āham | na
iy | zurakara | āha*m | naiy | adam | na*imaiy ; taumā | upariy | abištām (?) | upariy
65 āyam | naiy | šakaurim | *uaiy | . . . .* huvatam | zura | akunavam | martiya | hya | hamata
khšatā | manā | v[i]jthiya | avam | ubartam | abaram | hya | *riyanasoya !* avam | ufrasta
m | ap*a*rsam **§ 63** (52). | *Thatiy Darayava*uš | khšayathiya : tuvam | *ka khšayath*iya |
hya | aparam | ahy | *martiya | hya* | draujana | ahatiy | hyava | *atarta |* ahat
iy | avaiy | mā | daušta | avaiy | ahifrastādiy | parsā

§ 64 (53). | Thā*tiy* | Dāra
70 yavauš | khšayath*iya tuv*am | kā | hya | ap*a*ram | imam | dipim | vainahy | ty
ām | adam | niyapišam | imaivā | patikarā | mātya | vikanāhy | yāvā | *ji
vahy |* avā | avaiy | parikarā **§ 65.** | Thātiy | Darayavauš | khšayathiya | ya
diy | imam | dipim | *vainahy |* imaivā | patikarā | naiydiš | vikanahy | uta
maiy | yāvā | taumā | ahatiy | parikarah[i]diš | Auramazda | thuvām | daušta | biy
75 ā | *ut*ataiy | tauma | *vasiy | biyā* | utā | dargam | jivā | utā | tya | kunavāhy
| avataiy | Auramazda | ma*zanam* (?) | kunautuv **§ 66** | Thatiy | Darayavauš | khšā
yathiya | yadiy | im*am | dipim |* imaivā | patikara | vainahy | vikanāh[i]diš | ut
amaiy | yāvā | taumā | ahatiy | naiydiš | parikarahy | Auramazdataiy | jatā | b
iyā | utata*iy | tauma | ma | biya |* utā | tya | kunavahy | avataiy | Auramazd
80 ā | nikātuv **§ 67** (54). | *Thatiy :* Dārayavauš | khšayathiya | imaiy | martiya | tyaiy |
adakaiy | avadā | āhātā | yāta | adam | Gaumatam | tyam | magum | avājanam |
hya | Bardiya | agaubata | adakaiy | imaiy | martiyā | hamatakhšatā | anušiyā | man
ā | Vidafranā | nāma | Vayasparahyā | putra | Pārsa | Utāna | nama | Thukhrahyā
| putra | Pārsa | Gaubaruva | nāma | Marduniyahyā | putra | Pārsa | Vidarna | nāma | Ba
85 gābignahyā | putra | Pārsa | Bagabukhša | nāma | Dāduhyahyā | putra | Pārsa |
Ardumaniš | nāma | Vahukahyā | putra | Pārsa **§ 68** | Thatiy | Dārayavauš | khšayath
iya | tuvam | kā | khšayathiya | hya | aparam | ahy | tyāmā | v[i]dām | martiyā | a
. . . . tya | Dārayavauš . . . . /. . . . . .
. . . . akunavam . . . .
90—92 (völlig unleserlich)

Col. V.

§ 69. | Thāt*iy | Dar*ayavauš | *khša*yathiya
| ima | t*ya | adam | a*kunava*m | . . . .*
mā | ra . . . . / thardam | . . . . thā | khšāya
thiya | . . . . vajanam | . . . . *dahy*āuš | hau
5 v | ha*cama | hamitriya :* abava | *l mitiya |* . . imaima | nāma | U
vajiya | *avam | mathi*štam | *akunava |* pasāva | ada
m | kāra*m | fraišayam | Uvajam | martiya |* Gaubaruva
nāma | *Parsa | manā bā*daka | a*ramšam | mathi*štam | aku
navam | *pasava | hauv | Gaubaru*va : *hada | kara* | ašiyava |
10 Uvajam | hamaranam | akunauš | hadā | hamitriyaibiš | pas
āva | . . . . | utāšaiy | marda |

§ 61 (Z. 103). Es spricht der König Darius: Dies, was ich that, nach dem Willen Auramazdas that ich es allerwegen. Auramazda brachte mir Hilfe, und die übrigen Götter, welche es gibt.

§ 62 (Z. 104). Es spricht der König Darius: Deswegen brachte mir Auramazda Hilfe, und die übrigen Götter, welche es gibt, weil ich nicht feindselig war, nicht lügnerisch war, nicht gewaltthätig war, weder ich, noch mein Geschlecht. Nach dem Gesetze herrschte ich, weder .... noch .... that ich Gewalt an. Ein Mann, welcher meinem Hause beistand, den habe ich wohl behütet, wer schadete, den habe ich streng bestraft.

§ 63 (Z. 105). Es spricht der König Darius: Du, der du später König sein wirst, einen Mann, der ein Lügner ist oder ein Abtrünniger ist, dem sei nicht Freund, den bestrafe streng!

§ 64 (Z. 106). Es spricht der König Darius: Du, der du später diese Inschrift sehen wirst, welche ich geschrieben, oder diese Bilder, zerstöre sie nicht, (sondern) so lange du lebst, bewahre sie!

§ 65 (Z. 107). Es spricht der König Darius: Wenn du diese Inschrift siehst oder diese Bilder (und) sie nicht zerstörst, (sondern) sie mir, so lange (dein) Geschlecht besteht, bewahrst, so sei Auramazda dein Freund, und dein Geschlecht sei zahlreich, und dein Leben lang, und was du thust, mache Auramazda gross!

§ 66 (Z. 108). Es spricht der König Darius: Wenn du diese Inschrift oder diese Bilder siehst, sie zerstörst und sie mir, so lange (dein) Geschlecht besteht, nicht bewahrst, möge dich Auramazda töten und dein Geschlecht zu Nichte werden, und was du thust, zerstöre dir Auramazda!

§ 67 (Z. 109). Es spricht der König Darius: Diese (sind) die Männer, welche damals dabei waren, als ich Gaumäta den Mager tötete, der sich Bardiya nannte. Damals halfen mir diese Männer, meine Anhänger: Vindafrana, Sohn des Vayaspära, ein Perser; Utäna, Sohn des Thukhra, ein Perser; Gaubaruva, Sohn des Marduniya, ein Perser; Vidarna, Sohn des Bagäbigna, ein Perser; Bagabukhša, Sohn des Däduhya, ein Perser; Ardumaniš, Sohn des Vahuka, ein Perser.

§ 68 (Z. 112). Es spricht der König Darius: Du, der du später König sein wirst, ... Darius ....
.... ich machte
....

Col. V.

§ 69. Es spricht der König Darius: Dies (ist's), was ich that ....
.... König .... ein Land, dieses fiel von mir ab. Einen Mann, namens .. imaima, den machten die Susier zu ihrem Obersten. Da sandte ich ein Heer nach Susiana. Einen Mann, namens Gaubaruva, einen Perser, meinen Diener, den machte ich zu ihrem Obersten. Da zog dieser Gaubaruva mit dem Heere nach Susiana. Eine Schlacht lieferte er den Empörern. Darauf .... und .... und jenen .. imaima ergriff er und führte ihn zu mir .... ein Land ....
.... einen Ort, daselbst tötete ich ihn.

uta | *avam* .. *imaimam agarbaya* | utá | anaya | abi
y | mām | .... | dahya
uš | .... | *avahanam* | avadaši
15 m *avajanam* § 70. | *Thatiy , Darayavauš* | khšâyathi
ya | a .... | utá | dah*yaum* | Aurama
zda | *mana , dastaya* | *akunava* | vašnā | A
uramaz*daha* | *yatha* | *kama | aha avathâdiš* | akunavam
§ 71. *Thatiy : Darayavauš khšayath*iya | hya | aparam | ima
20 m | ya .... hatiy | utá | jivah
yâ .... § 72. ' *Thatiy* Dârayavauš | khš
âyath*iya* .... | *ašiyavam* | abiy | Sak
âm .... | Tigrâm | barata
ya .... iya | abiy | darayam | a
25 vam | .... â | pisâ | viyatara
yam | .... | *aniyam avâjanam* | aniyam | aga
rbayam .... | abiy | mâm | ut
a ' .... | *Skûka* | nâma | avam | aga
rbayam ' .... : *avada* | aniyam | math
30 *ištam* | .... âma | âha | pasâva | da
hyauš mana abava § 73. *Thatiy* | Dârayavauš | khšâya
thiya .... mâ | naiy | Auramazd
a .... yadiy | vašnā | Aurama
z*daha : hamahyaya | tharda* | akunavam § 74. | Thât
35 *iy | Darayavauš khšâyathiya* | ...... : Auramazdâm | yadata
.... utá | jivahyâ | utá
(Schluss völlig unleserlich.)

Kleinere Inschriften.

Bh a.

§ 1. 1) | Adam | Dârayavauš | khšâyathiya | vazraka | khšâya*²*thiya | khšâyathiyânâm | khšâyathiya | Pârsaiy | khš*3*âyathiya | dahyunâm | V[i]stâspahyâ | putra | 4*⁾*Aršâmahyâ | napâ | Hakhâmanišiya.

§ 2. | Thâtiy | Dâras*⁵*yavauš : khšâyathiya : | manâ | pitâ | V[i]stâspa | V[i]*⁶⁾*stâspahyâ | pitâ | Aršâma | Aršâmahyâ | pi*7⁾*tâ | Ariyâramna | Ariyâramnahyâ | pitâ*8⁾* | Cišpiš | Cišpaiš | pitâ | Hakhâmaniš.

§ 3. 9) | Thâtiy | Dârayavauš | khšâyathiya | avahya*10⁾*râdiy | vayam | Hakhâmanišiyâ | thahyâ *11⁾*mahy | hacâ | paruviyata âmâtâ *12⁾*amahy | hacâ | paruviyata | hyâ | amâ*13⁾*kham | taumâ | khšâyathiyâ | âha.

§ 4 | Thâ*14⁾*tiy | Dârayavauš | khšâyathiya | VIII | ma*15⁾*nâ | taumâyâ | tyaiy | paruva*16⁾*m | khšâyathiyâ | âha | adam : na*17⁾*vama | IX | duvitâtarnam | vayam | kh*18⁾*šâyathiyâ | amahy |

Bh b.

1⁾| Iyam | Gaumâ*²*ta | hya | maguš | a*3⁾*durujiya | 4 avathâ | athaha | adam | Ba*5⁾*rdiya | amiy | hya | Kⁿ)urauš | putra | adam | khš*7⁾*âyathiya | amiy |

§ 70. Es spricht der König Darius: . . . . und das Land gab Auramazda in meine Hände. Nach dem Willen Auramazdas that ich ihnen, wie es mein Wunsch war.

§ 71. Es spricht der König Darius: Wer später diesen . . . . und . . . . . .

§ 72. Es spricht der König Darius: . . . . zog ich gegen Skythien . . . . den Tigris . . . . gegen jenes Meer . . . . ich überschritt . . . . den Einen tötete ich, den Andern ergriff ich . . . . zu mir und ich . . . . dort einen Anderen zum Obersten . . . . war. Darauf war das Land mein.

§ 73. Es spricht der König Darius: . . . . nicht Auramazda . . . . nach dem Willen Auramazdas in jeder Weise handelte ich.

§ 74. Es spricht der König Darius: . . . . . . Auramazda . . . . und . . . . . . und . . . .

Kleinere Inschriften.

Bh a.

§ 1. Ich (bin) Darius, der grosse König, König der Könige, König in Persien, König der Länder, des Hystaspes Sohn, des Arsames Enkel, der Achämenide.

§ 2. Es spricht der König Darius: Mein Vater (ist) Hystaspes, des Hystaspes Vater (war) Arsames, des Arsames Vater Ariaramnes, des Ariaramnes Vater Teïspes, des Teïspes Vater Achämenes.

§ 3. Es spricht der König Darius: Deswegen werden wir Achämeniden genannt, von Alters her sind wir erprobt, von Alters her war unser Geschlecht königlich.

§ 4. Es spricht der König Darius: Acht meines Geschlechtes waren vordem Könige; ich bin der neunte. In zwei Reihen sind wir neun Könige.

Bh b.

Dieser Gaumâta der Mager log, also sprach er: „Ich bin Bardiya, des Kyros Sohn; ich bin König."

Bh c.

1) | Iyam | Âtṛ²ʾina | adu³ʾrujiya | 4ʾavathā 5) | athaha | a6)dam | kh7)sáyath9)iya | am9)iy· |
U10)vajaiy |

Bh d.

1) | Iyam | Naditabaira 2) | adurujiya | ava3)thā | athaha | adam | Nab4)ukudracara | amis)y· |
hya | Nabunaita6)hya | putṛa | adam | kh7)sáyathiya | amiy | B8)ábirauv |

Bh e.

1) | Iyam | Fra³)vartiš | 3ʾaduru4)jiya | avas thā | athaha | adam | 6 Khšáthrita | amiy·
7) | Uvakhštrahya 8 | taumāyā | adam | 9 khšáyathiya | amiy | 10·Mā111)daiy |

Bh f.

1) | Iyam | Martiya | a²)durujiya | a3)vathā | athaha | a4)dam | Imaniš | ams)iy | Uvajaiy·
kh6)sáyathiya |

Bh g.

1) | Iyam | Citṛā²)takhma | ad3)urujiya 4) | avathā | as)thaha | adam | 6 khšáyathi7)ya | ami8)y
Asaga9)rtaiy | Uva10)khštrahya 11) | taumáy12)ā |

Bh h.

1) | Iyam | Vahya²)zdáta | adu3)rujiya | ava4)thā | athaha | ada5)m | Bardiya | a6)miy | hya ·
K7)urauš | putṛa | 8ʾadam | khšā9)yathiya | amiy |

Bh i.

1) | Iyam | Arakha 2) | aduruj3)iya | avathā | 4ʾathaha | adam | 5·Nabukudra6)cara | amiy | 7·hya
Nabuna8)itahya | pu9)tṛa | adam | khšā10)yathiya | amiy 11) | Báb'i)rauv |

Bh j.

1) | Iyam | Fráda | 2ʾaduru3)jiya | avathā | athaha 4) | adam | khšáyaths)iya | amiy | Marga6)uv |

Bh k.

1) | Iyam | Skü²)ka | hya | Saka |

B. Inschriften von Persepolis.

Dar. Pers. a.

1) | Dárayavauš | khšáyathiya | 2·vazrika | khšáyathiya | khšā³ʾyathiyánám | khšáyathiya
4 dahyunám | Vistaspahys)a | putṛa | Hakhámanišiya | h6·ya | imam | tacaram | akunauš.

Bh c.

Dieser Atŕina log, also sprach er: „Ich bin König in Susiana."

Bh d.

Dieser Nidintu-Bel log, also sprach er: „Ich bin Nebukadrezar, Nabuna'ids Sohn; ich bin König in Babel."

Bh e.

Dieser Fravartiš log, also sprach er: „Ich bin Khšathrita, aus dem Geschlecht des Uvakhštra; ich bin König in Medien."

Bh f.

Dieser Martiya log, also sprach er: „Ich bin Ummanniš, König in Susiana."

Bh g.

Dieser Citŕantakhma log, also sprach er: „Ich bin König in Sagartien, aus dem Geschlechte des Uvakhštra."

Bh h.

Dieser Vahyazdāta log, also sprach er: „Ich bin Bardiya, des Kyros Sohn; ich bin König."

Bh i.

Dieser Arakha log, also sprach er: „Ich bin Nebukadrezar, Nabuna'ids Sohn; ich bin König in Babel."

Bh j.

Dieser Frāda log, also sprach er: „Ich bin König in Margiana."

Bh k.

Dieser (ist) Skunka der Skythe.

B. Inschriften von Persepolis.

Dar. Pers. a.

Darius, der grosse König, König der Könige, König der Länder, des Hystaspes Sohn, der Achämenide, welcher diesen Palast gebaut hat.

Dar. Pers. b.

Dārayavauš | KHŠ | vazraka | Vištāspahyā | putra | Hakhāmanišiya.

Dar. Pers. c.

Ardastāna | āthāgaina | Dārayavahauš | KHŠhyā | vithiyā | karta.

Dar. Pers. d.

§ 1. ¹⁾Auramazdā | vazraka | hya | mathišta | bag²ānām | hauv | Dārayavaum | khšāyathiš)yam | adadā | haušaiy | khšatram | frābaᵃ\ra | vašnā | Auramazdāhā | Dārayavauš⁵ | khšāyathiya |

§ 2. Thātiy | Dārayavauš | ⁶khšāyathiya | iyam | dahyāuš | Pār7)sa | tyām | manā | Auramazdā | frāba⁸)ra | hyā | naibā | uvaspā | umarti9)yā | vašnā | Auramazdāhā manac¹⁰)ā | Dārayavahauš | khšāyathiyahy¹¹)ā | hacā | aniyanā | naiy | tarsat¹²)iy |

§ 3. Thātiy | Dārayavauš | khšāya¹³)thiya | manā | Auramazdā | upastām | ¹⁴)baratuv | hadā | vithibiš | bagai¹⁵)biš | utā | imām dahyāum | Aura¹⁶)mazdā | pātuv hacā | haināy¹⁷)ā hacā | dušiyarā | hacā | dra¹⁸)ugā | abiy | imām | dahyāum | mā ¹⁹) | ājamiyā | mā | haᵢnā | mā | duš²⁰)iyāram | mā | drauga | aita | adam | 3¹) yān....m | jadiyāmiy | Auramazd²²)ām | hadā | vithibiš | bagaibiš | a²³)itamaiy | Auramazdā | dadāt²⁴ uᵗ | hada | vithrbiš | bagaibiš |

Dar. Pers. e.

§ 1. ¹⁾Adam | Dārayavauš | khšāyathiya | vaz²)raka | khšāyathiya | khšāyathiyānā3)m | khšāyathiya | dahyunām | tyaiᵃšām | parunām | Vištāspahyā | 5)putra | Hakhāmanišiya |

§ 2. Thātiy | Dāra⁶)yavauš | khšāyathiya | vašnā | Aurama7)zdāhā | imā | dahyāva | tyā ⁷ adam ⁸) | adaršaiy | hadā | anā | Pārsā ka9)rā tyā | hacāma | atarsa manā ' bāj¹⁰)im . abara ' Uvaja | Māda | Bābiru¹¹)š | Arabāya | Athurā | Mudrāy¹²)ā | Armina | Katpatuka | Sparda | Ya¹3)unā | tyaiy | uškahyā | utā | tya¹⁴iy | darayahyā | utā | dahyāva | t¹5)yā | parauvaiy | Asagarta | Parthava | Zarā¹⁶)ka | Haraiva | Bākhtriš | Sug[u]da | Uv¹⁷)ārazmiya | Thataguš | Harauvatiš | H¹ᵃ)iduš | Gādāra | Sakā | Maka |

§ 3. Thātiy ¹9) | Dārayavauš | khšāyathiya | yadiy ²⁰) | avathā | maniyāhy | hacā | aniya²¹\nā | mā | tᵃrsam | imam | Pārsam | kāram | pādi²²)y | yadiy | kāra | Pārsa | pāta / ahatiy | hyā ' ²3)duvaišᵗam | šiyātiš | akhšatā | hauvci²⁴)y | Aurā | nirasātiy | abiy | imām | vitham.

C. Inschriften von Nakš-i-Rustem.

NR a.

§ 1. ¹⁾Baga | vazraka | Auramazdā | hya | im²)ām | bumim | adā | hya | avam | asm3)ānam | adā | hya | martiyam | adā | hᵃlya | šiyātim | adā | martiyahyā | 5)hya | Dārayavaum | khšāyathiyam | ak⁶)unauš | aivam | paruvnām | khšāyath7)iyam | aivam | paruvnām | framātaᵃ ram |

§ 2. Adam | Dārayavauš | khšāyathiya | va9)zraka | khšāyathiya | khšāyathiyānām ¹⁰) | khšāyathiya | dahyunām | vispazana¹¹)nām | khšāyathiya | ahyāyā | bumi¹²)yā | vazrakāyā | duraiapiy | Vištaᵗ3)pahyā | putra | Hakhāmanišiya | Pārsa / Pᵃ4)ārsahyā | putra | Ariya | Ariya | c¹5)tra |

Dar. Pers. b.

Darius, der grosse König, des Hystaspes Sohn, der Achämenide.

Dar. Pers. c.

Fenstersims im Hause des Königs Darius gemacht.

Dar. Pers. d.

§ 1. Der grosse Auramazda, welcher der grösste der Götter (ist), er hat den Darius als König eingesetzt, er hat ihm die Herrschaft verliehen. Nach dem Willen Auramazdas ist Darius König.

§ 2. Es spricht der König Darius: Dieses Land Persien, welches mir Auramazda verliehen hat, welches schön, menschenreich, rossereich ist — nach dem Willen Auramazdas und meinem, des Königs Darius, zittert es vor keinem Feinde.

§ 3. Es spricht der König Darius: Auramazda bringe mir Hilfe, samt den Stammesgöttern, und dieses Land schütze Auramazda vor der (bösen) Schar, vor Misswachs, vor Lüge! Gegen dieses Land ziehe nicht eine (böse) Schar, nicht Misswachs, nicht Lüge! Um diese (Gnade?) bitte ich Auramazda samt den Stammesgöttern. Dies gewähre mir Auramazda samt den Stammesgöttern!

Dar. Pers. e.

§ 1. Ich (bin) Darius, der grosse König, König der Könige, König der Länder, der zahlreichen, des Hystaspes Sohn, der Achämenide.

§ 2. Es spricht der König Darius: Nach dem Willen Auramazdas (sind es) folgende Länder, welche ich in Besitz nahm mit diesem persischen Heere, welche vor mir zitterten, mir Tribut brachten: Susiana, Medien, Babel, Arabien, Assyrien, Ägypten, Armenien, Kappadokien, Sparda, die Ionier des Festlandes und die des Meeres, und die Länder im Osten: Sagartien, Parthien, Drangiana, Aria, Baktrien, Sogdiana, Chorasmien, Sattagydien, Arachosien, Indien, Gandāra, Skythien, Mekran.

§ 3. Es spricht der König Darius: Wenn du so denkst: „Vor keinem Feinde will ich zittern!", so schütze dieses persische Volk! Wenn das persische Volk geschützt ist, so wird für lange Zeit ungestört eine Segensfülle durch Aura über diesen Stamm herabkommen.

C. Inschriften von Naḳš-i-Rustem.

NR a.

§ 1. Ein grosser Gott (ist) Auramazda, welcher diese Erde schuf, welcher jenen Himmel schuf, welcher den Menschen schuf, welcher dem Menschen die Segensfülle gab, welcher den Darius zum König machte, zum einzigen König über viele, zum einzigen Gebieter über viele.

§ 2. Ich bin Darius, der grosse König, König der Könige, König der Länder vieler Stämme, König auf dieser grossen Erde auch fernhin, des Hystaspes Sohn, der Achämenide, ein Perser, eines Persers Sohn, ein Arier, von arischem Samen.

5 *

§ 3. Thátiy | Dárayavauš | khšá*ra*16)thiya | vašná | Auramazdáhá | im*a* ¦ 17)dahyáva | tyá adam | agarbáya*m* 18)apataram | hacá | Pársá | adam | šá*m* 19)patiyakhšaiy | maná | bájim abar*a* 20) | tyašám ¦ hacáma ¦ athahy*a* ¦ *ava* / *a*21)kunava | dátam | tya | maná | a*ita* / 22)adari Máda | Uvaja ¦ Parthava | *Harai*23)va | Bakhtriš ¦ Suguda ¦ Uvara*zm*24)iš ¦ Zaráka ¦ Harauvatiš Thatagu*š* / *Gá*25)dára | Iliduš | Sak*a* | Humavark*a* ¦ Sa26)ká | Tigrakhaudá | Bábiru*š* ¦ *A*27)thurá | Arabáya | Mudrayá / *Armina* 28) | Katpatuka | Sparda | Yauna | Saká | tyaiy ¦ *ta*29)radaraya | Skudra | Yauná | Takabará | Pu*tir*30)á | Kušiyá | Maciyá | Karká |

§ 4. Thatiy | D31)arayavauš | khšáyathiya | Auramaz*da* ¦ *yath*32)á | avaina ¦ imám | bumim yud*iya* / 33)pasávadim | mana | frabara | mi*am* ¦ *khša*34)yathiyam | akunauš | adam | klišáy*athiya* 35) | amiy | vašná ¦ Auramazdáh*a* ¦ a36)damšim ¦ gáthvá | niyašádayam ¦ *tya*šá37)m ¦ adam | athaham | ava | akunavat*a* / *yath*a ¦ mám | 38)kama | aha | yadipad*iy* | maniya*hy* / *t*39)ya | ciyákaram ¦ ar*a* / *dahyáva* 40) | tyá ¦ Dárayar*auš* ¦ *khšáyathiya* 41) | adaraya | patikaram didiy | *tyaiy* ¦ *mana* | g42)áthum | barátiy ¦ *avathá* | klišnás*ah[i]dič* ¦ 43) adataiy | azdá bavá*tiy* | Pársahy*a* ¦ 44) martiyahy*a* | du*ray* | ar*šti*š | pa45)rágmatá | adataiy | azdá ¦ ba*áti*46)y | Pársa ¦ martiya | duray | hac*á* | Pá47)rsá | hamaram ¦ patiyajata ¦ |

§ 5. Thá*tiy* | Dá48)rayavauš | khšáyathiya | aita | ty*a* / karta49)m | ava | visam | vašná ¦ Auramazdáha | aks0)unavam | Auramazdániaiy | upastám | abas1)ra | yátá | kartam akuna*ram* ¦ *mám* | As2)uramazdá | pátuv | hacá | sara .... | utámas3)iy | vitham | uta | imám | dahyáum | aita | adas4)m | Auramazdám | jadiyamiy | aitamas5)iy ¦ Auramazdá | dadátuv |

§ 6. s6)Martiyá | hya | Auramazdáh57)á | framáná | hauvtaiy | gass8)ta | má | thadaya ¦ pathim | s9) tyám | rástám | má 60) | avarada | má | stakava.

NR c.

1)Gaubaruva | Pátišuvariš | Dára2)yavahauš | khšáyathiyahyá | arštibara.

NR d.

1)Aspacaná | vatfabara | Dárayavahauš | khšá2)áyathiyahyá | išunám | dárayátá (?).

NR c.

Iyam | Maciyá.

D. Inschrift von Elvend.

§ 1. 1)Baga | vazraka | Auramazdá 2) | hya | imám | bumim | 3)adá | hya | avam | asmá4)nam adá | hya | martiyas)m | adá | hya | šiyáti6)m | adá | martiyahyá | 7)hya | Dárayavaum | khšáya8)thiyam | akunauš | aiva9)m | parunám | khšáyath10)iyam | aivam | parunam 11) | framátáram |

§ 2. Adam | 12)Dárayavauš | khšáyathi13)ya | vazraka | khšáyathiya | 14)khšáyathiyánám ¦ khš15)áyathiya | dahyunám | pa16)ruzanánám | khšáyath17)iya ¦ ahyáya | bumiy 18)á | vazrakáyá | duraiy 19) | apiy | Vištáspahy20)á | putfa | Hakhámanišiya.

§ 3. Es spricht der König Darius: Nach dem Willen Auramazdas (sind es) diese Länder, welche ich bekam ausser Persien; ich beherrschte sie, sie brachten mir Tribut; was ihnen von mir gesagt wurde, das thaten sie; mein Gesetz, es wurde gehalten: Medien, Susiana, Parthien, Aria, Baktrien, Sogdiana, Chorasmien, Drangiana, Arachosien, Sattagydien, Gandāra, Indien, die omyrgischen Skythen, die spitzhütigen Skythen, Babel, Assyrien, Arabien, Ägypten, Armenien, Kappadokien, Sparda, Ionien, die Skythen jenseits des Meeres, die Ionier, welche geflochtenes Haar tragen, die Putiya, Kušiya, Maciya, Karka.

§ 4. Es spricht der König Darius: Als Auramazda diese Erde in Aufruhr sah, da gab er sie mir, machte mich zum König; ich bin König. Nach dem Willen Auramazdas brachte ich sie an (ihren richtigen) Ort. Was ich ihnen sagte, das thaten sie, wie es mein Wille war. Wenn du nun denkst: „Wie vielfach waren jene Länder, welche der König Darius besass?", so betrachte das Bild (derer), die meinen Thron tragen, dann wirst du sie erkennen. Da wirst du erfahren: des persischen Mannes Lanze ist fernhin gedrungen. Da wirst du erfahren: der persische Mann hat fern von Persien Schlachten geschlagen.

§ 5. Es spricht der König Darius: Dies, was gethan worden ist, das alles that ich nach dem Willen Auramazdas. Auramazda brachte mir Hilfe, während ich es that. Auramazda schütze mich vor [allem Bösen] und mein Haus und dieses Land! Darum bitte ich Auramazda, dies gewähre mir Auramazda!

§ 6. O Mensch! Die Gebote Auramazdas halte nicht für widerwärtig! Den geraden Weg verlass nicht! Sei nicht ungerecht!

NR c.

Gaubaruva, der Patischorier, des Königs Darius Lanzenträger.

NR d.

Aspacanā, Genosse(?), des Königs Darius Pfeilbewahrer.

NR e.

Dies (sind) die Maciya.

D. Inschrift von Elvend.

§ 1. Ein grosser Gott (ist) Auramazda, welcher diese Erde schuf, welcher jenen Himmel schuf, welcher den Menschen schuf, welcher dem Menschen die Segensfülle gab, welcher Darius zum König machte, zum einzigen König über viele, zum einzigen Gebieter über viele.

§ 2. Ich (bin) Darius, der grosse König, König der Könige, König der Länder vieler Stamme, König dieser grossen weiten Erde auch fernhin, des Hystaspes Sohn, der Achämenide.

E. Inschrift von Kerman.

¹)Adam | Dārayavauš | kh²)šāyathiya | vazraka | kh3)šāyathiya | khšāyath4)iyānām | khšāyaths)iya | dahyunām | khš6)āyathiya | ahyāyā | 7)bumiyā | Vištā8)spahyā | putra | Hakhā9)manišiya.

F. Inschriften von Susa.

Dar. Sus. a.

¹) . . . . nām² . . . . Vištāspahyā | putra | Ha3)khamanišiya | Thatiy | Dārayavauš | KIIŠ 4) . . . . ava | akunavam | tya | 5) . . . . nyä | frašta | thadayāmiy.

Dar. Sus. b.

¹)Adam | Darayava²)uš khšayathiya 3) | vazraka ; khšāya4 thiya | khšayathis)yanam . khšāya6)thiya | dahyuna7)m | khšayathiya | 8) . . . . . . yāya | 9 . . . . . . ā | Vištā10)spahyā . putra | 11) | Hakhamanišiya.

G. Inschriften von Suez.

Sz a.

Dārayavauš.

Sz b.

¹ Darayavauš | KHŠ | vazraka | ²KHŠ ; KHŠyanam | KHŠ , dah3)yunam | vispazanā4)dudm | KHŠ | ahyayā | s)bumiya : vazrakāyā | 6)Vištaspahya pu7)tra , Hakhāmanišiya.

Sz c.

§ 1. ¹)Baga | vazraka | Auramazdā | hya | avam | asmānam | adā | hya | imām | bu²)mim | adā | hya | martiyam | ada ; hya | šiyātim | adā | martiyahy3)ā | hya | Dārayavaum | KIIŠyam | akunauš | hya | Darayavahauš | KHŠyahyā | khšatra4)m | frabara tya ; vazrakam | tya | uvaspam | umartiyam |

§ 2. Adam | Dārayavauš | s)KHŠ | vazraka | KHŠ | KHSyānām | KHŠ | dahyunām | vispazanānām KHŠ | ahyāy6)ā | bumiyā | vazrakāyā ; duraiy | apiy ! Vištāspahya | putra | Ha7 khāmanišiya |

§ 3. Thätiy | Dārayavauš | KHŠ | adam | Parsa | amiy ι hacā | Pa8rsā | Mudrāyam ; agarbāyam | adam | niya3tāyam | imām | yuviyā9)m | kātanaiy | hacā | Pirāva | nāma rauta | tya | Mudrāyaiy | danuvatiy | ab10 iy | daraya | tya | hacā | Pārsā | aitiy | iyam | yuviyā akaniy ! pas11 läva adam ; niyaštāyam | ut . . . . āyatā | hacā . . . . 12 yā | . . . . . . m | yuviyām | abiy | Pär . . . . ā | yathā | mä . . . . . .

E. Inschrift von Kerman.

Ich (bin) Darius, der grosse König, König der Könige, König der Länder, König dieser Erde, des Hystaspes Sohn, der Achämenide.

F. Inschriften von Susa.

Dar. Sus. a.

.... des Hystaspes Sohn, der Achämenide. Es spricht der König Darius: .... jenes (?) machte ich, welches .... ich für das vorzüglichste halte.

Dar. Sus. b.

Ich (bin) Darius, der grosse König, König der Könige, König der Länder, König ...., des Hystaspes Sohn, der Achämenide.

G. Inschriften von Suez.

Sz a.

Darius.

Sz b.

Darius, der grosse König, König der Könige, König der Länder aller Stämme, König dieser grossen Erde, des Hystaspes Sohn, der Achämenide.

Sz c.

§ 1. Ein grosser Gott (ist) Auramazda, welcher jenen Himmel schuf, welcher diese Erde schuf, welcher den Menschen schuf, welcher dem Menschen die Segensfülle gab, welcher den Darius zum König machte, welcher dem König Darius die Herrschaft übertrug, die gross, rossereich, menschenreich (ist).

§ 2. Ich (bin) Darius, der grosse König, König der Könige, König der Länder aller Stämme, König dieser grossen Erde auch fernhin, des Hystaspes Sohn, der Achämenide.

§ 3. Es spricht der König Darius: Ich bin ein Perser. Von Persien aus eroberte ich Ägypten. Ich befahl diesen Kanal zu graben, vom Nilstrome, welcher in Ägypten fliesst, nach dem Meere, welches von Persien ausgeht. Dieser Kanal wurde gegraben. Darauf befahl ich .... Kanal nach .... wie ....

H. Siegelinschrift.

Adam | Dārayavauš KHŠ.

I. Gewichtinschrift.

1)II karšā. 2)Adam | Dāra3)yavauš | khš4)āyathiya | vas zraka | Viš6)tāspahyā 7) | putra Hakh8)āmanišiya.

II. Xerxes.

A. Inschriften von Persepolis.

Xerx. Pers. a.

§ 1. 1)Baga | vazraka | Auramazdā | hya | imām | bumim | a2)dā | hya | avam | asmānam | adā | hya | martiyam | 3)adā | hya | šiyātim | adā | martiyahyā | hya 4: | Khšayāršām | khšāyathiyam | akunauš | aivam | 5)parunām | khšāyathiyam | aivam | parunām | fram6)ātāram

§ 2. Adam | Khšayāršā | khšāyathiya | vazraka | 7)khšāyathiya | khšāyathiyānām | khšāyathiya | dahy8)unām | paruv | zanānām | khšāyathiya | ahyāy9)ā | bumiyā | vazrakāyā | duraiy | apiy | Dā10)rayavahauš | khšāyathiyahyā | putra | Hākhāmaniš11)iya |

§ 3. Thatiy | Khšayāršā | khšāyathiya | vašnā | 12 Auramazdāhā | imam | duvarthim | Visadahyum 13) | adam | akunavam | vasiy | aniyašciy | naibam | 14)kartam | anā | Pārsā | tya | adam | akunavam | 15)utamaiy | tya | pitā | akunauš | tyapatiy | ka16)rtam | vainataiy | naibam | ava | visam | vašnā | A17)uramazdāhā | akumā |

§ 4. Thātiy | Khšayāršā | 15)khšāyathiya | mām | Auramazdā | pātuv | utamai19)y | khšatram | utā | tya | manā | kartam | utā | tyamai20)'y | pitra | kartam | avašciy | Auramazdā | pātuv.

Xerx. Pers. b.

§ 1. 1)Baga | vazraka | Auramazdā 2) | hya | imām | bumim | 3)adā | hya | avam | asmā4)nam | adā | hya | martiyas)m | adā | hya | šiyāti6'm | adā | martiyahyā | 7)hya | Khšayāršām | khšā8)yathiyam | akunauš | ai9)vam | parunām | khšāyath10)iyam | aivam | parunām 11) | framātāram |

§ 2. Adam | Kh12'šayāršā | khšāyathiya 13) | vazraka | khšāyathiya | khš14)āyathiyānām | khšāyath15)iya | dahyunām | paruvza16)nānām | khšāyathiya | 17)ahiyāyā | bumiyā | va18)zrakāyā | duraiy | a19)piy | Dārayavahauš 'khš20)āyathiyahyā | putra | Hakh21)āmanišiya |

§ 3. Thatiy | Kh22)šayāršā | khšāyathiya | va23)zraka | tya | manā | kartam 24) | idā | utā | tyamaiy | 25 apataram | kartam | ava | v26)isam | vašnā | Auramazdā27)ha | akunavam | mām | Aura28)mazdā | pātuv | hada | ba29)gaibiš | utāmaiy | khšatra30)m | utā | tyamaiy | kartam.

H. Siegelinschrift.

Ich (bin) der König Darius.

I. Gewichtinschrift.

2 Karša. Ich (bin) Darius, der grosse König, des Hystaspes Sohn, der Achämenide.

II. Xerxes.

A. Inschriften von Persepolis.

Xerx. Pers. a.

§ 1. Ein grosser Gott (ist) Auramazda, welcher diese Erde schuf, welcher jenen Himmel schuf, welcher den Menschen schuf, welcher dem Menschen die Segensfülle gab, welcher den Xerxes zum König machte, zum einzigen König über viele, zum einzigen Gebieter über viele.

§ 2. Ich (bin) Xerxes, der grosse König, König der Könige, König der Länder vieler Stämme, König auf dieser grossen Erde auch fernhin, des Königs Darius Sohn, der Achämenide.

§ 3. Es spricht der König Xerxes: Nach dem Willen Auramazdas baute ich diesen Thorweg *visadahju*. Auch vieles andere schöne ist in diesem Persien gebaut worden, was ich gebaut habe und was mein Vater gebaut hat. Welches Gebäude nun schön aussieht, das alles haben wir nach dem Willen Auramazdas gebaut.

§ 4. Es spricht der König Xerxes: Auramazda schütze mich und meine Herrschaft, und was von mir gemacht worden ist, und was von meinem Vater gemacht worden ist, auch das schütze Auramazda!

Xerx. Pers. b.

§ 1. Ein grosser Gott (ist) Auramazda, welcher diese Erde schuf, welcher jenen Himmel schuf, welcher den Menschen schuf, welcher dem Menschen die Segensfülle gab, welcher den Xerxes zum König machte, zum einzigen König über viele, zum einzigen Gebieter über viele.

§ 2. Ich (bin) Xerxes, der grosse König, König der Könige, König der Länder vieler Stämme, König auf dieser grossen Erde auch fernhin, Sohn des Königs Darius, der Achämenide.

§ 3. Es spricht der grosse König Xerxes: Was von mir hier gebaut worden ist, und was von mir ausserdem gebaut worden ist, das alles baute ich nach dem Willen Auramazdas. Mich schütze Auramazda samt den Göttern, und meine Herrschaft, und was von mir gemacht worden ist!

Xerx. Pers. ca [cb].

§ 1. ¹)[¹]Baga | vazraka | Auramazdā | hya | [²]imām | bumim | ²)adā | hya [³] | avam | asmānam | adā | hya [⁴] | marti³)yam | adā | hya | šiy[⁵]ātim | adā | martiyahyā ⁴) | [⁶]hya | Khšayāršām | KHŠm | aku[⁷]nauš | aivam | pa⁵)runām | KHŠ[⁸]m | aivam | parunām | fram[⁹]ātāram 6) |

§ 2. Adam ' Khšayāršā [¹⁰] | KHŠ ' vazraka | KHŠ KHšānām ' KHŠ[¹¹] | ⁷)dahyunām | paruv | zanā[¹²]nām | KHŠ | ahyāyā | b⁸)umi[¹³'yā | vazrakāyā | duraiy | a[¹⁴]piy | Dārayava⁹)hauš | KHŠhy[¹⁵]ā | putřa | Hakhāmanišiya |

§ 3. Th[¹⁶]ātiy | Kh¹⁰)šayaršā | KHŠ | vazra[¹⁷]ka | vašnā | Aurahya mazdāha[¹⁸] | i¹¹)ma | hadiš | Dārayavauš | KHŠ [¹⁹] | akunauš | hya | manā ¹²)pit[²⁰]ā mām ' Auramazdā | pātu[²¹]v | hadā | baga¹³)ibiš | utā | t[²²]yamaiy | kartam | utā | tyamaii[²³]y | ¹⁴)pitřa | Dārayavahauš | KHŠhy[²⁴]ā | kartam | avašciy ¹⁵) | Auramaz[²⁵]dā | pātuv | hadā | bagaibiš.

Xerx. Pers. da [db].

§ 1. ¹)[¹]Baga | vazraka | Auramazdā [²] | hya | i²)mām | bumim | [³]adā | hya | avam ³) | asmā[⁴]nam | adā | hya | martiya⁴)[⁵]m | adā | hya | šiyāti[⁶]m | adā | marš tiyahyā | [⁷]hya | Khšayāršām | kh⁶)šā[⁸'yathiyam | akunauš | ai[⁹]vam | par⁷)unām | khšāyath[¹⁰]iyam | aivam | paru⁸)nām (¹¹) | framātāram |

§ 2. Adam | Kh[¹²]šayārš⁹)ā | khšāyathiya [¹³] | vazraka | khšāyathiya | ¹⁰)khš[¹⁴]āyathiyānām | khšāyath[¹⁵]iya | dahy¹¹)unām | paruvza[¹⁶]nānām | khšāyathiya ¹²) | [¹⁷]ahiyāyā | bumiyā | va[¹⁸]zrakāyā ¹³) | duraiy | a[¹⁹]piy | Dārayavahauš | khš¹⁴)[²⁰]āyathiyahyā | putřa | Hakh[²¹]āmaniJiya |

§ 3. Thātiy | Kh[²²'šayāršā | khšāyathiya | [²³]va¹⁶)zraka | vašnā | Auramaz[²⁴]dāha | ima | had¹⁷)iš | adam | [²⁵]akunavam | mām | Auramaz¹⁸',²⁶]dā | pātuv | hadā | bagai[²⁷]biš | utama¹⁹'iy | khšatřam | [²⁸]utā | tyamaiy | kartam.

Xerx. Pers. ea [eb].

¹)[']Khšayāršā | khšāyathiya | vazra²)[²'ka | khšāyathiya | khšāyathiyā³)[³]nām | Dārayavahauš | khšāyath⁴\iya[⁴]hyā | putřa | Hakhāmanišiya.

B. Inschrift von Elvend.

§ 1. ¹)Baga | vazraka | Auramazdā | ²)hya | mathišta | bagānām | ³)hya | imām | bumim | ad⁴)ā | hya | avam | asmānam | ⁵)adā | hya | martiyam | ad⁶)ā | hya | šiyātim | adā ⁷) | martiyahyā | hya | Khša⁸)yāršām | khšāyathiyam | ⁹)akunauš | aivam | parun¹⁰)ām | khšāyathiyam | aivam ¹¹) | parunām | framātāram ¹²) |

§ 2. Adam | Khšayāršā | khšā¹³)yathiya | vazraka | khšāyathi¹⁴ya | khšāyathiyānām | khš¹⁵)āyathiya | dahyunām | par¹⁶)uzanānām | khšāyathiya ' ¹⁷)ahiyāyā bumiyā va¹⁸)zrakāyā | duraiy | apiy ¹⁹) | Dārayavahauš | khšāyathiya²⁰)hyā | putřa | Hakhāmanišiya.

Xerx. Pers. c.

§ 1. Ein grosser Gott (ist) Auramazda, welcher diese Erde schuf, welcher jenen Himmel schuf, welcher den Menschen schuf, welcher dem Menschen die Segensfülle gab, welcher den Xerxes zum König machte, zum einzigen König über viele, zum einzigen Gebieter über viele.

§ 2. Ich (bin) Xerxes, der grosse König, König der Könige, König der Länder vieler Stämme, König auf dieser grossen Erde auch fernhin, Sohn des Königs Darius, der Achämenide.

§ 3. Es spricht der grosse König Xerxes: Nach dem Willen Auramazdas hat der König Darius, welcher mein Vater (war), diesen Palast gebaut. Mich schütze Auramazda samt den Göttern, und was von mir gemacht, und was von meinem Vater, dem König Darius, gemacht worden ist, auch das schütze Auramazda samt den Göttern!

Xerx. Pers. d.

§ 1. Ein grosser Gott (ist) Auramazda, welcher diese Erde schuf, welcher jenen Himmel schuf, welcher den Menschen schuf, welcher dem Menschen die Segensfülle gab, welcher den Xerxes zum König machte, zum einzigen König über viele, zum einzigen Gebieter über viele.

§ 2. Ich (bin) Xerxes, der grosse König, König der Könige, König der Länder vieler Stämme, König auf dieser grossen Erde auch fernhin, des Königs Darius Sohn, der Achämenide.

§ 3. Es spricht der grosse König Xerxes: Nach dem Willen Auramazdas baute ich diesen Palast. Mich schütze Auramazda samt den Göttern, und meine Herrschaft, und was von mir gemacht worden ist!

Xerx. Pers. e.

Xerxes, der grosse König, König der Könige, des Königs Darius Sohn, der Achämenide.

B. Inschrift von Elvend.

§ 1. Ein grosser Gott (ist) Auramazda, welcher der grösste der Götter (ist), der diese Erde schuf, der jenen Himmel schuf, der den Menschen schuf, der dem Menschen die Segensfülle gab, der den Xerxes zum König machte, zum einzigen König über viele, zum einzigen Gebieter über viele.

§ 2. Ich (bin) Xerxes, der grosse König, König der Könige, König der Länder vieler Stämme, König auf dieser grossen Erde auch fernhin, des Königs Darius Sohn, der Achämenide.

C. Inschrift von Van.

§ 1. 1)Baga | vazraka | Auramazdā | hya | mathi² śta | bagānām | hya | imām | bum3)im '
adā ' hya | avam | asmānam | 4)adā | hya martiyam | adā | hya | 5)śiyātim | adā | martiyahyā |
6)hya | Khšayārśām | khšāyathiyam 7) | akunauš | aivam | parunām | kh8)śāyathiyam |
aivam | parunām | 9)framātāram |

§ 2. Adam | Khšayārśā | 10)khšāyathiya | vazraka | khšāyathiya | 11)khšāyathiyānām
khšāyathiya | da12)hyunām | paruv | zanānām | khš13)āyathiya | ahyāyā 'bumiyā | va14)zrakāyā |
duraiy | apiy | Dāraya15)vahauš | khšāyathiyahyā | putřa | IIa16)khāmanišiya |

§ 3. Thātiy | Khšayārśā 17) | khšāyathiya | Dārayavauš | khšāya18 thiya | hya | manā | pitā |
hauv | va19)śnā | Auramazdāha | vasiy | tya | 20)naibam | akunauš | utā | ima | st21)ānam
hauv | niyaśtāya | kātanaiy 22) | yanaiy | dipim | naiy | nipiśt23)ām | akunauš | pasāva | adam |
ni24)yaštāyam | imām | dipim | nip25)ištanaiy | mam | Auramazdā | pā26)tuv | hadā | bagaibiš |
utamai27)y | khšatřam | uta | tyamaiy | kartam.

D. Vasen-Inschrift.

Khšayārśā | KIIŠ | vazraka.

III. Artaxerxes II.

A. Inschriften von Susa.

Art. Sus. a.

1)Thātiy | Artakhšatřā KIIŠ | vazraka | KIIŠ | KHSyānām | KIIŠ | DAHyunām | KHS | ahyāyā |
BUMIyā | Dārayavaušahyā | KHShyā | putřa | D²)ārayavaušahyā Artakhšātřahyā KHShyā |
putřa | Artakhšatřahyā | Khšayārcahyā | KHShyā | putřa | Khšayārcahyā | Dāra3)yavaušahyā '
KHShyā | putřa | Dārayavaušahyā ' Vištāspahyā | putřa Hakhamān[i]šiya | imam | Apadāna |
Dārayavauš | apanyākama | akā'unaš | ab'i'ypara? pā | Artakhšatřa | uyakama . . . . |
Anah[i]ta . . . . AS)nah[i]ta | uta | Mithra . . . .

Art. Sus. b.

Adam | Artakhšatřā | KIIS | vazraka | KHS | KHŠyānā | KHS | Dārayavauš | KHShyā |
putřa.

Art. Sus. c.

. . . .
1) | Hakhāmanišiya | Thatiy | Artakhšatřa | ²)khšāyathiya | vazraka | khšayathiya |
khš.āyathiyanām | khšāya/hiya | dahyun4)ām | khšāyathiya | ahyāyā | bumiya | iš)mām | hadiš |
utā | imām | . . . . 6)canām | tya āthāgainām t . . . . 7) . . . . u.

C. Inschrift von Van.

§ 1. Ein grosser Gott (ist) Auramazda, welcher der grösste der Götter (ist), der diese Erde schuf, der jenen Himmel schuf, der den Menschen schuf, der dem Menschen die Segensfülle gab, der den Xerxes zum König machte, zum einzigen König über viele, zum einzigen Gebieter über viele.

§ 2. Ich (bin) Xerxes, der grosse König, König der Könige, König der Länder vieler Stämme, König auf dieser grossen Erde auch fernhin, des Königs Darius Sohn, der Achämenide.

§ 3. Es spricht der König Xerxes: Der König Darius, der mein Vater (war), hat nach dem Willen Auramazdas vieles schöne gemacht, und diesen Platz befahl er zu behauen, indessen liess er eine Inschrift nicht eingraben. Darauf befahl ich diese Inschrift einzugraben. Auramazda schütze mich samt den Göttern, und meine Herrschaft, und was von mir gemacht worden ist!

D. Vasen-Inschrift.

Xerxes, der grosse König.

III. Artaxerxes II.

A. Inschriften von Susa.

Art. Sus. a.

Es spricht Artaxerxes, der grosse König, König der Könige, König der Länder, König dieser Erde, des Königs Darius Sohn, des Darius, (welcher) des Königs Artaxerxes Sohn (war), des Artaxerxes, (welcher) des Königs Xerxes Sohn (war), des Xerxes, (welcher) des Königs Darius Sohn (war), des Darius, (welcher) des Hystaspes Sohn (war), der Achämenide: Dieses Apadâna baute mein Ahn Darius . . . . Artaxerxes mein Grossvater . . . . Anahita . . . . Anahita und Mithra . . . .
. . . .

Art. Sus. b.

Ich (bin) Artaxerxes, der grosse König, König der Könige, der König, des Königs Darius Sohn.

Art. Sus. c.

. . . ., der Achämenide. Es spricht Artaxerxes, der grosse König, König der Könige, König der Länder, König dieser Erde: Diesen Palast und dieses . . . . Fenster
. . . .

B. Inschrift von Hamadan.

1)Thâtiy | Artakhšatřâ | KHŠ | vazraka | KHŠ | *KHŠyanâm* | *KHŠ* | *DAHyunâm* | *KHŠ* | *ah*2)yâyâ | BUMIyâ | Dârayavašahyâ | KHŠhyâ ' *putřa* | *Darayavašahya* | *Artakhšatřa*3)hyâ | KHŠhyâ | putřa | Artakhšathrahyâ | Kh*šayaršahya* | *KHŠhya* | *putřa* | *Khšayara*4)šahyâ Dârayavašahyâ | KHŠhyâ | pu*třa* | *Darayavašahya* | *Vištaspahya* | *putřa* 5) | Hakhâmanišiya | imam | Apadâna | vašna ' *Auramazdaha* | *Anah[i]tahya* | *uta* | *M[i]trahya* | *akuna* | *m*6)âm | Auramazdâ | Anah[i]ta | utâ | M[i]tra | mâ*m* , *patuv* ' *haca* ! *gasta* . . . . | *ut*7)â | imam | tya | akunâ | mâ . . . .

IV. Kyros der Jüngere.

1)Adam | Kuruš | khšâya2)thiya | Hakhâmanišiya.

V. Artaxerxes III.

Inschrift von Persepolis.

Art. Pers a[b].

§ 1.   1)[1]Baga | vazraka | Auramazd[2]â | hya | 2)imâm | bumâm [3] | adâ | hya | a3)vam | asmân[4]âm | adâ | hya | marti4)yam | [5]adâ | hya | šâyatâm   a[6]dâ | marts)ihyâ | hya | mâl7[m '] Artakhšatřâ | khšâya6)thi[8]ya | akunauš | aivam | paruv[9]nâm | 7)khšâyathiyam | aiva[10]m | paruvnâm 8) | framatâram |

§ 2.   [11]Thâtiy | Artakhšatřâ | 9)khš[12]âyathiya | vazraka | khšâya[13]'thiya 10) | khšâyathiyanâm | [14]khšâyathiya | 11)DAHyunâm | [15]khšâyathiya | ahyây12)â | [16]BUMIyâ | adam | Artakhšatřâ | kh[17]šâya13)thiya | putřa | Artakhšatřâ | [18]Dârayavau14)š | khšâyathiya | [19]putřa | Dârayavauš | A15 rtakhša 20'třâ | khšâyathiya | putřa | Arta[21]khša16)třâ | Khšayâršâ | khšâya'22'thiya | putřa | Kh17)šayâršâ | Dâra[23]yavauš | khšâyath18)iya | putřa | [24]Dârayavauš | V[i]štâspa19)hy.25]â | nâma | putřa | V i štâspahy[26]â | 20)Aršâma | nâma | putřa | Ha[27]khâmaniši21)ya |

§ 3.   Thâtiy | A[28]rtakhšatřa | khšâyathi22)ya |[29]imam | ustašanâm | âthâga[30]nâm | mâ23)m | upâ | mâm | [31]kartâ |

§ 4.   Thâtiy | Arta24)khšatř[32]â | khšâyathiya | mâm | Aura[33]mazdâ | 25)utâ | M[i]thra | baga | pâ[34]tuv | utâ | imâ27)m | DAHyum [35] | utâ | tya | mâm | kartâ |

VI. Vase des Artaxerxes.

| Ardakhçašca | KHŠ | vazraka.

B. Inschrift von Hamadan.

Es spricht Artaxerxes, der grosse König, König der Könige, König der Länder, König dieser Erde, des Königs Darius Sohn, des Darius, (welcher) des Königs Artaxerxes Sohn (war), des Artaxerxes, (welcher) des Königs Xerxes Sohn (war), des Xerxes, (welcher) des Königs Darius Sohn (war), des Darius, (welcher) des Hystaspes Sohn (war), der Achämenide: Dieses Apadāna baute ich (?) nach dem Willen Auramazdas, Anahitas und Mitras. Auramazda, Anahita und Mitra mögen mich schützen vor dem Übel ..... und dies, was ich gebaut (?), dass nicht ....!

IV. Kyros der Jüngere.

Ich (bin) der König Kyros, der Achämenide.

V. Artaxerxes III.

Inschrift von Persepolis.

Art. Pers.

§ 1. Ein grosser Gott (ist) Auramazda, welcher diese Erde schuf, welcher jenen Himmel schuf, welcher den Menschen schuf, welcher dem Menschen die Segensfülle gab, welcher mich, Artaxerxes, zum König machte, zum einzigen König über viele, zum einzigen Gebieter über viele.

§ 2. Es spricht Artaxerxes, der grosse König, König der Könige, König der Länder, König dieser Erde: Ich (bin) des Königs Artaxerxes Sohn, Artaxerxes (war) des Königs Darius Sohn, Darius (war) des Königs Artaxerxes Sohn, Artaxerxes (war) des Königs Xerxes Sohn, Xerxes (war) des Königs Darius Sohn, Darius (war) der Sohn (eines), namens Hystaspes, Hystaspes (war) der Sohn (eines) namens Arsames, der Achämenide.

§ 3. Es spricht der König Artaxerxes: Dieses steinerne (?) Bauwerk ist von mir für mich errichtet worden.

§ 4. Es spricht der König Artaxerxes: Mich schütze Auramazda und der Gott Mithra, und dieses Land, und was von mir gemacht worden ist!

VI. Vase des Artaxerxes.

Artaxerxes, der grosse König.

VII. Privatpersonen.

Umschrift.

Sgl. a.

1)Arša²)ka | n3)äma | 4)Athiš)yäba6)ušana7)hya 8)putra.

Sgl b.

1)Hadakhya (?)²) . . . . 3)thadatha | . .

Sgl. c.

Vašdä Saka.

Sgl. d.

Vahyav[i]šdä päya (?).

Sgl e.

1)m | Kha²)ršä3)dašyä.

Übersetzung.

Sgl. a.

Aršaka, des Athiyabaušana Sohn (?).

Sgl. b.

Hadakhya (?) . . . .

Sgl. c.

Vašdä der Skythe (?).

Sgl. d.

Vahyavišdä . . . . (?)

Sgl. e.

Ich (bin) Kharšädašyä (?).

I. INSCHRIFTEN

A. Inschriften

1. Grosse In:

Col. I.

DES DARIUS I.

von Behistan.

ohrift: Bh.

Tafel 2.

Col. I.

30

35

40

45

50

55

60

Tafel 3

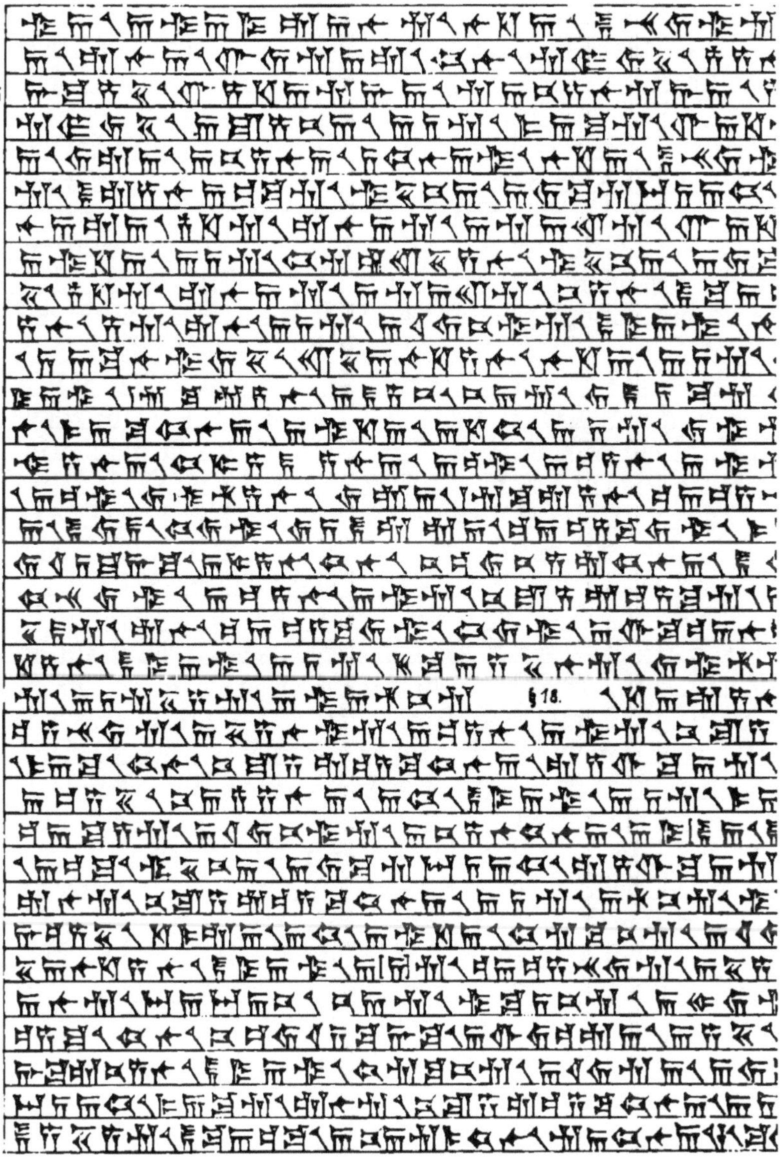

§ 15.

§ 16.

§ 17.

§ 19.

Col. II.

§20.

5

§21.

§22.

10

§23.

15

20

25

§26.

30

§21

5

10

§24

15

§25

20

25

30